AF556400

पतंजलि योग सूत्र

पतंजलि योग सूत्र

बी.के.एस. आयंगार

प्रकाशक • **प्रभात प्रकाशन प्रा. लि.**
4/19 आसफ अली रोड,
नई दिल्ली–110002

संस्करण • 2026
मूल्य • चार सौ रुपए
अनुवाद • महेंद्र नारायण सिंह यादव
मुद्रक • नरुला प्रिंटर्स, दिल्ली

PATANJALI YOG SOOTRA

by Shri B.K.S. Iyengar ₹ 400.00
Published by Prabhat Prakashan Pvt. Ltd., 4/19 Asaf Ali Road, New Delhi-2
by arrangement with Rohan Prakashan, Pune
e-mail: prabhatbooks@gmail.com ISBN 978-93-5186-596-4

भारत के बच्चों
को समर्पित

निदेशक की कलम से...

योग प्राचीन और आवश्यक अध्यात्म है। दुनिया भर में लोग स्वास्थ्य, सुख के साथ-साथ श्रेष्ठतम आध्यात्मिक ज्ञान एवं संतुष्टि के लिए किसी-न-किसी रूप में योगाभ्यास करते हैं। अनेक लोग इसे शारीरिक चुस्ती के लिए करते हैं तो कई इसे शांति, संतुष्टि और मानसिक चिंताओं तथा तनाव से मुक्ति के लिए करते हैं। सभी वर्गों के लोग योगाभ्यास में रुचि लेते हैं और इसे व्यवसाय के रूप में भी अपना रहे हैं। इस तरह से योग में दिलचस्पी दिनोदिन बढ़ती जा रही है। योग को संभ्रांत वर्ग और सामान्य वर्ग दोनों के जरूरतमंदों के बीच प्रोत्साहित व प्रचारित करने के लिए अनेक योग स्कूल, केंद्र और संस्थान दुनिया भर में स्थापित किए जा रहे हैं। अनेक योगियों, योग विशेषज्ञों, वैज्ञानिकों, आध्यात्मिक जनों ने योग के दर्शन, कला और विज्ञान को धर्मग्रंथों के अध्ययन के जरिए समझने की कोशिश की है और यौगिक सिद्धांतों का दशकों से पालन करते आ रहे हैं। इसके परिणामस्वरूप योग पर भारत और विदेशों में महान् योग गुरुओं ने अनेक पुस्तकें प्रकाशित करवाई हैं, जो सच्चे अर्थों में योग को समझने में मदद करती हैं। योगाचार्य डॉ. बी.के.एस. आयंगार द्वारा लिखित प्रस्तुत पुस्तक 'पतंजलि योग सूत्र परिचय' ऐसी ही पुस्तकों में शामिल है और तार्किक मन के युवाओं, उत्साही अध्यात्म विद्यार्थियों की आवश्यकता को पूरा करती है।

"आत्म-सुधार के सारे प्रयास योग हैं।" पतंजलि ने अपनी प्रसिद्ध

कृति 'योग-सूत्र' में आत्म-विकास के उद्देश्य, संभावना, वैज्ञानिक विधियों को स्थापित किया है। उनके विचार में, योग व्यक्तित्व पर पूर्ण नियंत्रण और विकास की प्रक्रिया है, ताकि व्यक्ति खुद ही अपने 'स्व' को तलाश कर सके।''

इस प्रकार पतंजलि के 'योगसूत्र' को आत्मविकास की सच्ची भारतीय मानसिकता मानी जाती है। 'पतंजलि योगसूत्र परिचय' पुस्तक में देश के बच्चों और युवाओं को ध्यान में रखते हुए तन व मन की पवित्रता और उदारता के लिए जीवन-शैली के रूप में 'योगसूत्र' के बहुत बारीक पहलुओं को रेखांकित किया गया है।

योग एक विज्ञान और स्वस्थ जीवन जीने की कला होने से भी कहीं ज्यादा है, इसलिए यह ऐसी गहनतर समझ का खुलासा करता है, जो कि व्यक्ति की सीमा के परे होता है। यह पुस्तक बहुत सरल अंदाज में तैयार की गई है, जिसमें हर योगसूत्र के साथ उसका अर्थ दिया गया है। इसमें आध्यात्मिक ज्ञान, बुद्धि और विवेक को जगानेवाली रोशनी हासिल करने के लिए परंपरागत व्याख्या भी दी गई है।

पद्मभूषण डॉ. बी.के.एस. आयंगार एक किंवदंती के रूप में जाने जाते हैं। आधुनिक काल के सच्चे योगगुरु, महान् योग साधक आयंगार ने पूरे जीवन भर मानसिक शोध के साथ गहन अभ्यास किया और सात दशकों से भी ज्यादा समय तक अनेक लोगों का योगाभ्यास में मार्ग-निर्देशन किया। उनके गहन अध्ययन, लंबे चिंतन और अनुभव का परिणाम इस पुस्तक के पृष्ठों में दिखता है। मैं सचमुच गुरुजी का बहुत ऋणी हूँ, जिन्होंने विशेष तौर पर युवाओं को योग के दर्शन, कला और विज्ञान को समझाने तथा अपने व्यक्तित्व विकास के लिए इसका अभ्यास करने के लिए लिखी गई इस पुस्तक को प्रकाशित करने की अनुमति दी।

मैं आयुष के सचिव और संयुक्त सचिव तथा 'मोरारजी देसाई राष्ट्रीय योग संस्थान' के अन्य योग्य अधिकारियों-कर्मचारियों को भी विशेष तौर पर

धन्यवाद देता हूँ, जिन्होंने इस बहुमूल्य पुस्तक के प्रकाशन के लिए प्रोत्साहन और सहायता दी।

मुझे आशा है कि इस देश के बच्चे और युवा इस पुस्तक से काफी लाभान्वित होंगे।

—डॉ. ईश्वर वी. बासवरेड्डी
निदेशक,
मोरारजी देसाई राष्ट्रीय योग संस्थान

स्तुति

॥ श्रीमत् पतञ्जलि महामुनये नमः ॥

योगेन चित्तस्य पदेन वाचां
मलं शरीरस्य च वैद्यकेन।
योऽपाकरोत्तं प्रवरं मुनीनां
पतञ्जलिं प्राञ्जलिरानतोऽस्मि॥
आबाहु पुरुषाकारं
शङ्खचक्रासि धारिणम्।
सहस्र शिरसं श्वेतं
प्रणमामि पतञ्जलिम्॥

—आइए, हम सब श्रेष्ठतम ऋषि पतंजलि का नमन करें, जिन्होंने मन की पवित्रता के लिए योग, शब्दों की स्पष्टता के लिए व्याकरण तथा शरीर को स्वस्थ रखने के लिए ओषधि की देन हमें दी।

आइए, हम पतंजलि को साष्टांग प्रणाम करें, जो कि हजार सिरोंवाले आदिशेष के अवतार थे, जिनके शरीर का ऊपरी हिस्सा चार हाथोंवाले मानव रूप को दरशाता है और एक हाथ में शंख, दूसरे में चक्र, तीसरे में ज्ञान की तलवार है तथा चौथे हाथ से योग-साधक को आशीर्वाद दे रहे हैं।

व्यास ऋषि की स्तुति

यस्त्यक्त्वा रूपमाद्यं प्रभवति जगतोऽनेकधाऽनुग्रहाय।
प्रक्षीणक्लेशराशिर्विषमविषधरोऽनेकवक्त्रः सुभोगी॥
सर्वज्ञान प्रसूतिर्भुजगपरिकरः प्रीतये यस्य नित्यम्।
देवोऽहीशः स वोऽव्यात्सितविमलतनुर्योगदो योगयुक्तः॥

—हम भगवान् आदिशेष को साष्टांग प्रणाम करते हैं, जिन्होंने मानव प्रजाति को सही शब्द, कार्य और विवेक प्रदान करने के लिए पतंजलि का रूप धारण किया।

आइए, हम हानिकारक विषवाले लाखों सर्पों के सिर और मुखवाले आदिशेष को नमन करें, जिन्होंने विष छोड़कर अज्ञानता को मिटाने और दुःख को हरने के लिए पतंजलि का रूप लिया।

आइए, हम उनके प्रति कृतज्ञता व्यक्त करें, जो अपने सेवकों और चाकरों के बीच समूचे ज्ञान के भंडार हैं।

आइए, उस ईश्वर की प्रार्थना करें, जिसका आरंभिक रूप शुद्ध तथा श्वेत दीप्ति में चमकता है; जिसका शरीर अपरिवर्तित है; जो योगगुरु के रूप में हमें बुद्धि का अपना यौगिक प्रकाश देता है, ताकि हम इस जगत् के निवास में रहने के योग्य हो सकें।

प्रस्तावना

'योग-सूत्रों' को पढ़ने से पूर्व आप यह अवश्य जानना चाहेंगे कि पतंजलि कौन हैं।

ऐसा कहा जाता है कि भगवान् शिव ने ब्रह्मा, विष्णु समेत सभी देवों और देवताओं को अपना नृत्य देखने के लिए बुलाया था। सारे अतिथियों ने जब अपना-अपना स्थान ग्रहण कर लिया तो भगवान् शिव ने सम्मोहक नृत्य 'तांडव नृत्य' शुरू किया। इस प्रकार भगवान् शिव को नटराज, सारे नर्तकों के राजा के रूप में जाना जाता है।

भगवान् विष्णु अपने आसन पर बैठे थे, जो आदिशेष अर्थात् सर्पों के देवता के नाम से प्रसिद्ध हैं। नटराज भगवान् शिव ने अपने शरीर का कलात्मक प्रदर्शन आरंभ किया और तब भगवान् विष्णु का आंतरिक शरीर न केवल भगवान् शिव की लय के साथ थिरकने लगा, बल्कि भारी—और भारी होता चला गया। इससे आदिशेष का दम घुटने लगा और वह लगभग मूर्च्छित होने की दशा में आ गए। नृत्य क्षण समाप्त हुआ। भगवान् विष्णु का शरीर पुनः हलका और सामान्य हो गया। भगवान् विष्णु में आए इन आश्चर्यजनक परिवर्तनों से आदिशेष चकित हुए और अपने स्वामी से इन विस्मयकारी परिवर्तनों का कारण पूछा। भगवान् विष्णु ने आदिशेष से कहा कि भगवान् शिव की कृपा, सुंदरता और प्रदर्शन के स्वरूप ने उनके शरीर और भावों में इस प्रकार के परिवर्तन किए। नृत्य में अपने स्वामी की इस अभिरुचि से प्रभावित होकर आदिशेष ने निवेदन किया कि उन्हें नृत्य की इस कला को सीखने की अनुमति दी जाए, जिससे

कि वे अपने स्वामी को प्रसन्न कर सकें।

भगवान् विष्णु आदिशेष के विचारों से प्रसन्न हुए, किंतु मौन रहकर वह चिंतन करने लगे। फिर उन्होंने आदिशेष से कहा कि भगवान् शिव उनकी इच्छा पूर्ण करेंगे, यदि वह उनसे जाकर निवेदन करें। आदिशेष भगवान् शिव के पास पहुँचे। भगवान् शिव ने उनकी इच्छा पूरी की और आदेश दिया कि वह व्याकरण पर एक टीका की रचना करें और फिर नृत्य कला को सीखकर पारंगत हों। अभिभूत होकर आदिशेष साधना में जुट गए और यह पता लगाने लगे कि पृथ्वी पर उनकी जन्मदात्री, अर्थात् माता कौन होंगी? ध्यान में मग्न उन्हें एक योगिनी, एक तपस्विनी का ध्यान आया, जिनका नाम गोणिका था।

ठीक उसी समय गोणिका भी अपने सांसारिक जीवन की समाप्ति का विचार कर रही थीं। अपना ज्ञान वह किसे सौंपें, इसके लिए उन्हें एक सुयोग्य शिष्य की तलाश थी। उनका अपना कोई शिशु नहीं था, क्योंकि वह एक 'ब्रह्मचारिणी' थीं। सुयोग्य शिष्य की उनकी खोज सफल नहीं हुई। अंत में उन्होंने सूर्य देवता का ध्यान किया और अपना सारा ज्ञान एक योग्य बालक को सौंपने की प्रार्थना की। आदिशेष भी उस समय एक योग्य माता की खोज में जुटे थे और उन्हें गोणिका में एक योग्य माता के दर्शन हुए। उनके लिए वह स्वर्ग से पृथ्वी माता की गोद में अवतरित हुए।

चूँकि सूर्य देवता को पृथ्वी पर साक्षात् भगवान् माना जाता है, इस कारण गोणिका ने अपनी अंजलि में सूर्य देवता को अंतिम अर्पण देने के लिए थोड़ा जल भर लिया, जिसमें उनके द्वारा अर्जित और अनुभव किया गया संपूर्ण ज्ञान समाहित था। अपनी आँखें बंद कर उनका ध्यान करते हुए वह जल अर्पण करने वाली थीं। उनका मन पूरी तरह सूर्य देवता में डूब चुका था। प्रार्थना समाप्त होने पर उन्होंने आँखें खोलीं और जल के रूप में अपना ज्ञान अर्पण करने लगीं। एक क्षण के लिए जब उन्होंने अपनी अंजलि में इकट्ठा जल को देखा तो यह देखकर आश्चर्यचकित रह गईं कि हथेलियों के बीच सर्प जैसा एक सूक्ष्म कीट तैर रहा था। उसने देखते-ही-देखते

मानवीय रूप ले लिया।

उस अत्यंत छोटे मानवीय रूप ने गोणिका को दंडवत् प्रणाम किया और अपने योग्य पुत्र के रूप में स्वीकार करने की प्रार्थना की। गोणिका ने उन्हें अपना पुत्र स्वीकार किया और 'पतंजलि' नाम दिया। 'पत' का अर्थ है—'गिरता या गिरा हुआ' तथा 'अंजलि' का अर्थ है—'प्रार्थना के लिए जुड़े हाथ।'

पतंजलि जब बड़े हुए तब उन्होंने व्याकरण पर भाष्य लिखा, नृत्य सीखा और उसमें पारंगत भी हुए। फिर उन्होंने स्वास्थ्य की दृष्टि से आयुर्वेद पर तथा जीवन की शैली के रूप में योगसूत्रों की रचना की। इस प्रकार भगवान् शिव की कृपा से शुद्ध भाषा के लिए उन्होंने हमें व्याकरण दिया, दिव्य स्वास्थ्य के लिए आयुर्वेद तथा मन की पवित्रता और परोपकारिता के लिए योग का ज्ञान दिया। इससे वह मनुष्य, जो शब्द, कर्म एवं बुद्धि का पालन और अभ्यास करेगा, उसका जीवन तेजस्वी और श्रेष्ठ बन जाएगा।

महर्षि पतंजलि के योगसूत्रों को आध्यात्मिक दृष्टि से संस्कृत साहित्य का सबसे गूढ़ और सारगर्भित लेख माना जाता है, जो ब्रह्मांड, पुरुष और ईश्वर की व्याख्या करते हैं। इन सूत्रों से यह प्रतीत होता है मानो इस महान् ऋषि ने पावन घड़ी में मिली अगाध प्रेरणा तथा मानवता के प्रति दिव्य परोपकार से अपनी बुद्धिमत्ता के मोतियों को कला, विज्ञान और दर्शन के रूप में एक प्रवाह के समान सूत्रबद्ध किया है।

यहाँ मैं सहज रूप में योगसूत्रों से आपका परिचय करा रहा हूँ, जिसमें प्रत्येक सूत्र का अर्थ भी बताता चलूँगा, जिससे कि आप आसानी से इनसे अवगत हो सकें। पृष्ठभूमि के इस परिचय से आप इन सूत्रों की पारंपरिक गूढ़ टिप्पणियों को पढ़कर दीप्तमान कर देनेवाले आध्यात्मिक ज्ञान तथा बुद्धिमत्ता की झलक प्राप्त कर सकते हैं।

योग एक विषय के रूप में किसी महासागर जितना विशाल है। व्यक्ति इसमें जितनी गहराई तक उतरता है, उसे गूढ़ रहस्यों का उतना ही ज्ञान होता जाता है, जो किसी के व्यक्तिगत ज्ञान से परे (अकल्पित ज्ञान) होता है। यह

किसी भी व्यक्ति के मस्तिष्क की बुद्धि को और आध्यात्मिक हृदय के ज्ञान को धारदार बनाता है। इसका अभ्यास करनेवाले अपने अंदर सृजनात्मकता का विकास कर पाते हैं। इससे उन्हें बौद्धिकता के साथ-साथ विकसित होने और अपने अनुभवजन्य ज्ञान को अभिव्यक्त कर न केवल अपने आपको समझने का अवसर मिलता है, बल्कि समाज, समुदाय और मानवता के साथ भी वे अनन्य रूप से जुड़ पाते हैं।

पतंजलि अत्यधिक बुद्धिमान होने के कारण न केवल योगसूत्रों के क्रम का ध्यान रखते हैं, बल्कि अपने शब्दों और अपनी रचना को इस प्रकार अभिव्यक्त करते हैं कि वह उनके समय के साथ-साथ वर्तमान समय के समाज की आवश्यकता के अनुरूप प्रतीत होता है। यौगिक ज्ञान को लेकर उन्होंने जितने अवलोकन और ध्यान के पश्चात् टिप्पणी की है, वह उनके समय के लोगों की बौद्धिक क्षमता के अनुरूप था। आज भी उनकी अभिव्यक्ति और दर्शन प्रासंगिक हैं।

पतंजलि का योगदर्शन माता-पिता द्वारा अपने बच्चों को दिए जानेवाले मार्गदर्शन के समान है। माता-पिता शिक्षा का आरंभ उस नैतिक ज्ञान से करते हैं, जिसमें यह बताया जाता है कि क्या कहना और करना चाहिए तथा क्या नहीं कहना और करना चाहिए। साथ ही, जो स्वस्थ विकास के अनुकूल नहीं है, उस पर पाबंदी भी लगा देते हैं। ये कुछ और नहीं बल्कि यम और नियम यानी व्यक्ति के नैतिक और सामाजिक व्यवहार के सिद्धांत हैं, जो यौगिक सिद्धांतों के मूलमंत्र हैं।

बच्चों को उनके माता-पिता खेलने-कूदने के लिए प्रोत्साहित करते हैं, जिससे कि न केवल उनका शरीर बलवान् बने, बल्कि वे नए-नए मित्र भी बना सकें। यह उसी प्रकार है, जिस प्रकार पतंजलि ने अपने आसन और प्राणायाम की व्याख्या व्यवस्थित तथा वैज्ञानिक पद्धति के रूप में की है, जिससे व्यक्ति अपने शरीर के सभी तंत्रों को सुचारु रखता है और उत्तम स्वास्थ्य को बनाए रखने में सफल रहता है।

आजकल के भाग-दौड़, तनाव और चिंता से भरे जीवन में किसी भी

व्यक्ति का स्वास्थ्य बिगड़ सकता है। आसनों और प्राणायाम से न केवल मन और शरीर का बोझ हलका हो जाता है, बल्कि इससे तन और मन के बीच एक मधुर संबंध भी स्थापित हो जाता है।

माता-पिता अपने बच्चों को शिक्षा-दीक्षा के लिए स्कूल-कॉलेजों में भेजते हैं, जहाँ वे इस संसार से जुड़ी बातों का ज्ञान प्राप्त करते हैं तथा अपने साथ रहनेवालों से उचित व्यवहार करना सीखते हैं। कुछ इसी प्रकार पतंजलि ने 'प्रत्याहार', 'ध्यान' और 'धारणा' का ज्ञान दिया है, जिससे मनुष्य को मन पर नियंत्रण, स्थिरता और सभ्यता से जीने का सबक मिलता है। चूँकि समाज शिक्षित लोगों के व्यवहार पर नजर रखता है और उनके व्यवहार को शिष्टता के मानक स्तर से नीचे पाए जाने पर टिप्पणी करता है, इसलिए योग की ये तीन विधियाँ व्यक्तियों और टिप्पणीकारों के लिए हैं, जिससे वे अपने आत्मा की खोज के लिए अपने मन का प्रयोग कर सकते हैं। ये तीनों उन्हें अहंकार और दंभ के दायरों से बाहर निकालकर वैयक्तिक जगत् के स्थान पर अवैयक्तिक कृपा या दिव्य व्यक्तित्व की ओर ले जाते हैं।

यह शरीर एक साम्राज्य के समान होता है। अहम् या पुरुष (आत्मा) इसका सम्राट् होता है। बुद्धिमत्ता प्रधानमंत्री के समान होती है। 'मैं' सेनापति होता है। 'श्वास' रक्षा मंत्री होता है, जबकि 'मन' गृहमंत्री होता है। संवेदी अंग सैन्य अधिकारियों का काम करते हैं और कार्य करनेवाले अंग उन सैनिकों के समान होते हैं, जो आदेशों का पालन कर राष्ट्र की रक्षा करते हैं। यदि उनके कर्तव्यों में कोई सामंजस्य नहीं होता है तो उस राष्ट्र पर शत्रु कब्जा जमा लेते हैं। इसी प्रकार शरीर (साम्राज्य) की रक्षा योग के किले से की जाती है, जिससे कि राजा (आत्मा) रोगों, व्यथाओं और असंतुष्टि से मुक्त एक विशुद्ध आनंद से भरा जीवन व्यतीत कर पाता है। पतंजलि का योग यही शिक्षा देता है। यह हमें आनंद की चरम सीमा की ओर ले जाता है।

यद्यपि योगसूत्रों की रचना भावपूर्ण संस्कृत भाषा में की गई है और अधिकांशतया इसे कूटबद्ध रूप दिया गया है, जिससे कि व्यक्ति एक बार देखकर ही यह समझ लेता है कि महान् ऋषि किसी विशेष जाति, धर्म या

समूह को नहीं, बल्कि धरती पर समस्त मानवता को संबोधित कर रहे हैं। जैसे ही कोई व्यक्ति उसे पढ़ता है, उसे यह अहसास होता है कि यह संदेश पूरे संसार के लिए है। उनके अनुसार साधक जाति, धर्म और रंग से ऊपर होता है।

सूत्र का अर्थ होता है—धागा या सूक्ति तथा मणि का अर्थ होता है—कीमती रत्न। जिस प्रकार एक धागे में बेशकीमती रत्नों को सुई की मदद से पिरोया जाता है, उसी प्रकार योगसूत्रों को भी पिरोया गया है। इन सूत्रों को भी एक साथ यौगिक ज्ञान के रत्नों से पिरोकर एक-एक सूत्र का रूप दिया गया है, जिनकी मदद से हम साधना कर सकते हैं। इससे हमें यौगिक ज्ञान अर्थात् विवेक का ज्ञान प्राप्त हो सके। सूत्रों को पढ़ने से ऐसा प्रतीत होता है कि प्रत्येक शब्द में भावना छिपी है।

योगसूत्र अपने आप में एक प्रकार की शैली है, जिनमें योग के सैद्धांतिक पहलुओं के साथ-साथ व्यावहारिक पहलुओं को भी नियमानुसार बताया गया है।

पतंजलि एक चिकित्सक, एक वैज्ञानिक, एक विशुद्ध वैयाकरण तथा एक सिद्ध योगी थे। उनके प्रत्येक शब्द ज्ञान को दरशाते हैं, जो व्यावहारिक बुद्धि को प्रतिबिंबित करता है। योगसूत्रों को कोई भी पढ़ सकता है; किंतु वैसे व्यक्तियों के लिए इन्हें समझ पाना कठिन हो जाता है, जो व्यावहारिक एवं बुद्धिजीवी नहीं होते हैं।

50 वर्षों से अधिक समय तक योग के पहलुओं का अनुभव और अभ्यास करने के बाद तथा सूत्रों से प्राप्त ज्ञान की कसौटी पर उन्हें कसने के बाद वर्ष 1987 में मैंने योगसूत्रों के एक अनुवाद की रचना की, जिसमें एक संक्षिप्त टिप्पणी भी शामिल थी, जिसका स्वागत विद्वानों के साथ-साथ योग का अभ्यास करनेवाले छात्रों ने भी किया। इसके बाद सन् 1992 में मैंने विस्तृत टिप्पणी के साथ एक नए अनुवाद की रचना की, जिसका नाम 'पातंजल योग प्रदीपिका' (लाइट ऑन द योगसूत्राज ऑफ पतंजलि) है, जिसमें सूत्रों की पहली विषय से संबंधित कुंजी शामिल थी। यह पुस्तक

बेस्ट सेलर रही और इसका अनुवाद दस भाषाओं में किया गया। 'द पर्ल्स ऑफ यौगिक विज्डम' में टिप्पणी सहित अनुवाद है और जिसमें सूत्रों को विस्तार से विषयों को कूटबद्ध किया गया है। इससे पढ़ने में सुगमता होती है। इसका प्रकाशन वर्ष 2000 में मेरी रचनाओं के संग्रह के प्रथम खंड 'अष्टदल योगमाला'[1] के रूप में किया गया है।

इसके बाद योगसूत्रों को सरलता से समझाने के तरीके ने मुझे और भी उत्साहित किया। सूत्रों को फिर से सजाते हुए, उस महान् ऋषि की अनुकंपा और प्रेरणा से भक्ति-भाव के साथ अनवरत साधना करते हुए मुझे उन गूढ़ रहस्यों की खोज करने और उन्हें समझने का अवसर मिला, जो अब तक सूत्रों में समझ से परे सूक्ष्म ज्ञान के रूप में छिपे थे। अनेक वर्षों तक चिंतन और मनन के बाद 'योगसूत्र अनुसंधान' ने स्वरूप लिया, जिसकी रचना अंतिम चरण में है।

'योगसूत्र अनुसंधान' की रचना चल ही रही थी कि मन में एक विचार उत्पन्न हुआ कि योगसूत्रों को युवाओं और इससे अछूते लोगों के लिए न केवल योग की जन्मभूमि भारत बल्कि पूरे विश्व के लिए प्रस्तुत किया जाए।

पूरी विनम्रता के साथ मैं यह कह रहा हूँ कि मैंने बच्चों और युवाओं को योग की शिक्षा वर्ष 1930 के दशक के उत्तरार्ध में देनी शुरू की। आगे चलकर मैंने बच्चों और किशोरों के लिए एक विशेष पाठ्यक्रम तैयार किया, जिसमें योग में उनकी परिपक्वता के अनुसार विषय में क्रांतिकारी परिवर्तन किए, जिसका प्रयोग मेरे छात्रों द्वारा भारत और विदेशों में शिक्षण मार्गदर्शिका के रूप में किया जा रहा है।

'योगशास्त्र' के दो पुलिंदे बच्चों को शिक्षा देने के साधन के रूप में पहले से ही उपलब्ध हैं। मैंने उनकी रचना आसनों के अभ्यास पर बल देने के लिए ही नहीं की, बल्कि पतंजलि के योगसूत्रों की महत्त्वपूर्ण अवधारणाओं का परिचय भी सैद्धांतिक पहलुओं के रूप में कराया।

मैंने योगसूत्रों पर इस नए अनुवाद की रचना युवाओं द्वारा पढ़े और समझे जाने के लिए की है, जिसमें सरल और स्पष्ट शब्द हैं; साथ ही कहीं-

कहीं ऐसी टिप्पणियाँ भी हैं, जो सूत्रों के भाव को बनाए रखने के साथ उनके पौराणिक अर्थ से भी छेड़छाड़ नहीं करतीं।

मैंने प्रत्येक अध्याय को उप-शीर्षकों में बाँटा और प्रत्येक खंड को आसानी से समझ में आनेवाला उचित नाम भी दिया है।

मुझे उम्मीद है कि यह साधारण योगदान योग के संदेश को उन युवाओं और अनभिज्ञ लोगों तक पहुँचाकर उनके मन में इस अनुपम कला और दर्शन के अध्ययन तथा अभ्यास के प्रति जिज्ञासा और उत्साह को बढ़ाएगा। साथ ही उन्हें योग का कुशाग्र छात्र, पतंजलि का आज्ञाकारी उत्तराधिकारी तथा भारत की पावन भूमि पर इस ज्ञान को भविष्य में आगे बढ़ाने के योग्य बनाएगा।

---

1. 'पर्ल्स ऑफ यौगिक विज्डम' एवं 'द योग सूत्र कोडिफाइड एकॉर्डिंग टु द थीम्स फॉर रेडी रेफरेन्स', खंड-1, एलाइड पब्लिशर्स, नई दिल्ली, 2000. पृ. 234-282
2. योग शास्त्र, राममयी आयंगार मेमोरियल योग इंस्टीट्यूट, पुणे एवं लाइट ऑन योग रिसर्च इंस्टीट्यूट, ट्रस्ट, मुंबई

युवाओं के लिए दो शब्द

व्यावहारिक ज्ञान से संपन्न पतंजलि का 'योगसूत्र' उन लोगों के लिए मार्गदर्शक पुस्तक का कार्य करता है, जो शाश्वत सत्य की खोज में जुटे हैं। खोज करनेवाला साधक इसका अनुसरण और अभ्यास कर वास्तविक महात्मा बन सकता है।

योगसूत्र एक दर्शन है, जो खोज करनेवालों को (आत्मा) पुरुष का रूप प्रत्यक्ष तौर पर दिखा देता है। जिस प्रकार एक दर्पण किसी के रूप को दिखाता है, उसी प्रकार योगसूत्रों के अनुसार पतंजलि की बताई योग-साधना करने से व्यक्ति को अपने अंदर एक महान् ऋषि जैसे गुण दिखाई पड़ते हैं।

पतंजलि ने यौगिक विद्या के लिए साधक, साधना और स्वरूप के महत्त्व को त्रिदंड यानी एक साथ बँधे तीन डंडों के रूप में देखते हुए अपने पहले ही सूत्र (I.1) में साधकों को बताया है। इसमें उन्होंने उस अनुशासन का निर्धारण किया है, जिसका पालन साधकों द्वारा किया जाना आवश्यक है। दूसरे सूत्र में (I.2) उन्होंने चेतना में रहते हुए साधना के दौरान नियंत्रित की जानेवाली गतिविधियों का वर्णन किया है, जबकि तीसरे सूत्र में उन्होंने योग के अंतिम परिणाम का वर्णन यह कहते हुए किया है कि साधना से साधक अपने वास्तविक रूप यानी स्व-रूप में रहता है। (I.3)

योग ऐसे साधन या उपकरण (साधना) के रूप में कार्य करता है, जिसका प्रयोग कुशलता से करते हुए एक साधक पवित्रता तथा मुक्ति को प्राप्त कर सकता है। साधक यानी वह, जो अपने जीवन में अपने सही रूप

को प्राप्त करने के लिए भक्ति और समर्पण से अभ्यास करता है। साधना से एक साधक अपने शरीर और मन को समझने लगता है। साधना जैसे-जैसे परिष्कृत होती जाती है, उसे अपनी मौलिक संरचना, रूप या स्वरूप का ज्ञान होता जाता है।

योग कुछ ऐसा ही प्रभाव उनपर दिखाता है, जो इसकी पद्धतियों के अनुसार अभ्यास करते हैं और वे अपने आपको तपस्वी से ऋषि के रूप में बदल पाते हैं। इस प्रकार साधक परम आनंद को प्राप्त करता है और उसका चेहरा चमक उठता है। (देखें, I.3 तदा द्रष्टुः स्वरूपे अवस्थानम्।)

योग का अभ्यास हम सभी के लिए लक्ष्मण रेखा का कार्य करता है, जो हमें अपनी राह में आनेवाली बाधाओं और संकटों से बचाता है। इससे हम सांसारिक ज्ञान की दिशा से आत्मज्ञान की ओर बढ़ते हैं।

चलिए, अब मैं आपको श्रीराम की कथा से लक्ष्मण रेखा की कहानी सुनाता हूँ।

श्रीराम, सीता और लक्ष्मण अपनी सौतेली माँ कैकेयी की इच्छा के अनुसार वन में रह रहे थे। उस वन पर उन राक्षसों ने आक्रमण किया था, जो लोगों पर होने वाले शारीरिक और नैतिक हमलों का प्रतिनिधित्व करते हैं। सीता के आग्रह पर श्री राम को कुटिया छोड़कर स्वर्ण मृग को पकड़ने के लिए जाना पड़ा। वह स्वर्ण मृग कोई और नहीं बल्कि रावण द्वारा छल से राम को सीता से दूर करने के लिए भेजा गया मारीच नामक राक्षस था। शीघ्र ही सीता को राम की आवाज सुनाई पड़ी, जो सहायता माँग रहे थे। सीता ने लक्ष्मण (अपने देवर) को मदद के लिए जाने का आदेश दिया। लक्ष्मण अपने भाई के उस आदेश से बँधे थे, जिसके अनुसार उन्हें कुटिया नहीं छोड़ना था और अपनी भाभी की रक्षा करनी थी। पहले तो वह हिचकिचाए, क्योंकि वह वन्य जीवन के खतरों को समझते थे। किंतु सीता ने लक्ष्मण के व्यवहार पर संदेह जताया और ऐसे वचन बोले, जिन्हें वह सहन नहीं कर सके।

इस कारण उन्होंने कुटिया के चारों ओर एक रक्षात्मक घेरा (लक्ष्मण रेखा) बनाया और सीता को यह सलाह दी कि वह उस रेखा या लकीर को

किसी भी परिस्थिति में लाँघने का प्रयास न करें।

पतंजलि के साधन पाद के सूत्र 18 में संकेत है कि योग के अभ्यास में लक्ष्मण रेखा का कितना महत्त्व है। इस सूत्र में बुद्धि के आलोक में (जिसमें प्रकाश सत्त्व का रूप है) सूत्र गुणों की चर्चा करता है—अन्वेषण और क्रिया (क्रिया यानी रज) तथा निश्चलता या स्थिरता (स्थिति यानी तम)। व्यक्ति के गुणों के अनुसार साधना भी प्रकाश या क्रिया या स्थिति के साथ की जा सकती है।

इस प्रकार योग-साधना का प्रयोग इन दो पहलुओं, अर्थात् सुखद सांसारिक भोग या आध्यात्मिक ज्ञान के साथ स्थायी संतुष्टि के लिए किया जा सकता है। पहले तरीके से सांसारिक सुखों (भोगार्थ) की प्राप्ति होती है, जबकि दूसरे में आध्यात्मिक ज्ञान से शाश्वत द्रष्टा की ओर प्रवृत्त होते हुए विशुद्ध कृपा (सत्-चित्-आनंद) की प्राप्ति होती है।

योग किसी दोधारी तेज उस्तरे के समान है, जिसके साथ लापरवाही बरतने पर व्यक्ति जख्मी हो सकता है। योग की शक्ति से शारीरिक बल प्राप्त किया जा सकता है या साधक के मन को संसार की इच्छाओं, जैसे—मोह, लोभ आदि की ओर मोड़ा जा सकता है। जिस प्रकार कोई व्यक्ति सांसारिक सुखों की लिप्सा (भोगार्थ) में, भोग-विलास में डूब जाता है या जो बुद्धिमान हैं, वे मुक्ति के उज्ज्वल पथ (अपवर्गार्थ) को चुन लेते हैं। यदि वह अपनी मानसिक शक्ति का प्रयोग मोह से लड़ने के लिए करता है तो उसे क्षणिक इंद्रिय सुखों और संतुष्टि (मोह) से मुक्ति मिल जाती है।

योग का अभ्यास करनेवाले सभी व्यक्तियों को लक्ष्मण रेखा की कथा याद रखनी चाहिए। उन्हें भोगार्थ और अपवर्गार्थ की सीमाओं को ध्यान में रखते हुए संतुलित व्यवहार करना चाहिए। यह हमारे विचारों और कर्मों का समत्व है। इससे ही साधना सृजनात्मक रूप से उपयोगी बनती है।

इसलिए यौगिक अभ्यासों का प्रयोग योग को नियंत्रित करने के रूप में करें, जिससे कि आप सांसारिक सुखों का त्याग कर उस परमानंद को प्राप्त करें, जो राग, द्वेष और अशुद्धियों से परे है।

यहाँ तक कि भगवान् कृष्ण ने भी 'भगवद्गीता' के अध्याय 6 के श्लोक 46 और 47 में योग की महानता और महत्त्व पर बल दिया है—

तपस्विभ्योऽधिको योगी ज्ञानिभ्योऽपि मतोऽधिकः।
कर्मिभ्यश्चडाधिको योगी तस्माद्योगी भवार्जुन॥

—योगी तपस्वियों से श्रेष्ठ है। उसे शास्त्र ज्ञानियों से भी श्रेष्ठ माना गया है और सकाम कर्म करनेवालों से भी योगी श्रेष्ठ है। अतः हे अर्जुन! तुम योगी बनो।

योगिनामपि सर्वेषां मद्गतेनान्तरात्मना।
श्रद्धावान् भजते यो मां स मे युक्ततमो मतः॥

—संपूर्ण योगियों में भी जो श्रद्धावान् योगी मुझमें लगे हुए अंतरात्मा से मुझको निरंतर भजता है, वह योगी मुझे परम श्रेष्ठ मान्य है।

इसलिए मेरा आप सभी से आग्रह है कि आप उस लौ के समान अपने हृदय में योग के शाश्वत सिद्धांत को प्रज्वलित करें, जिससे आपको अभ्यास और मार्गदर्शन की दिशा मिल सके।

इस प्रकार, आपको अपने दैनिक जीवन के हर क्षेत्र में सफलता प्राप्त होगी। मैंने उसी विश्वास के साथ पहले ही दिन से योग का अभ्यास आरंभ किया था और मुझे प्रसन्नता होगी, यदि आप सभी उसी दृढ़ विश्वास के साथ योग का अभ्यास करें और सच्चे योगी तथा सच्चा मनुष्य बनें।

अनुक्रम

परिशिष्ट

योग दर्शन के चार पादों (अध्यायों) का संक्षिप्त परिचय

दर्शन का अर्थ है—अपनी, यानी पुरुष की प्रत्यक्ष छवि या झलक। ऐसी परंपरा है कि महान् ग्रंथों की रचना करनेवाले सभी महान् रचनाकार विषय-वस्तु को विस्तार से बताने से पूर्व संपूर्ण विषय का वर्णन पहले उनके अर्थ के साथ करते हैं और फिर उसके निचोड़ के रूप में उसके सार को बताते हैं।

यह ग्रंथ योग दर्शन पर लिखा गया है, जो जीवन के सारे पहलुओं की चर्चा विस्तार से करता है, जिससे कि इसका अभ्यास करनेवाला व्यक्ति अंतिम लक्ष्य को प्राप्त कर सके, और वह लक्ष्य है—शांत मन (समाधान चित्त) को प्राप्त करना।

योग के अभ्यास से व्यक्ति को संसार के दुःख-दर्द से छुटकारा पाने में मदद मिलती है और वह शरीर एवं मन के महत्त्व को समझता है। इसके अभ्यास से व्यक्ति मन और शरीर का मेल जीवन के सार से कर पाता है, जो कुछ और नहीं बल्कि आत्म-ज्ञान को बढ़ानेवाली एकाग्रता और जागरूकता है।

पतंजलि के सूत्रों का आरंभ व्यवहार के निश्चित नियमों से होता है और अंत में अपनी वास्तविक प्रकृति की झलक मिलती है। इसके चार अध्याय इस प्रकार हैं—

1. समाधि पाद (चिंतन पर अध्याय)
2. साधन पाद (अभ्यास पर अध्याय)

3. विभूति पाद (धन और शक्ति पर अध्याय)
4. कैवल्य पाद (शाश्वत मुक्ति पर अध्याय)।

समाधि पाद सदाचार के विज्ञान पर एक लेख है, जो सही मार्ग से भटके व्यक्ति को पुनः सही राह पर लाने में मदद करता है। यह शारीरिक, मानसिक, नैतिक, बौद्धिक और आध्यात्मिक विकास की व्याख्या करता है।

साधना पाद यौगिक धर्म की व्याख्या करता है, जिसमें अष्टांग योग आठ प्रकार के मार्ग यानी 'यम', 'नियम', 'आसन', 'प्राणायाम', 'प्रत्याहार', 'धारणा', 'ध्यान' और 'समाधि' की चर्चा है। यदि योग के इन आठ पहलुओं का पालन उत्साह और समर्पण के साथ किया जाए तो कोई भी शारीरिक, मानसिक, नैतिक और बौद्धिक पहलुओं में स्थिरता और स्पष्टता को प्राप्त कर सकता है तथा इनकी सहायता से जीवन के सभी क्षेत्रों में समभाव को स्थापित कर पाता है। साधना पाद योग के आठ पहलुओं के प्रयोग से जीवन की सारी शक्तियों को फलदायी बनाता है।

हमारा जीवन प्रकृति की तीन गुरुत्वाकर्षी शक्तियों यानी गुणों से संपन्न है। ये हैं 'सत्त्व', 'रज' और 'तम'। यौगिक अभ्यास साधक में इस प्रकार परिवर्तन करते हैं कि वह बौद्धिक प्रकाश से जगमगा उठता है और अपने आस-पास की वस्तुओं को किसी चमकती मणि के समान स्पष्ट रूप से देखता है, जिससे उसे अपने उदात्त और उज्ज्वल जीवन का अनुभव होता है। इस अध्याय में पतंजलि ने दुःख के कारणों का वर्णन किया है और बताया है कि इन्हें कैसे दूर किया जाए।

इस अष्टांग योग-साधना में तीन स्तर हैं, जो तप, स्वाध्याय (स्वयं के विषय में त्वचा से लेकर अंदर तक का अध्ययन तथा आध्यात्मिक ज्ञान और बुद्धि के लिए पवित्र ग्रंथों का अध्ययन) और ईश्वर-प्रणिधान (सारे कर्मों और स्वयं का भी पूर्ण समर्पण)। यम, नियम, आसन और प्राणायाम तप के अंतर्गत आते हैं। प्रत्याहार और धारणा स्वाध्याय की चर्चा करते हैं तथा ध्यान और समाधि ईश्वर-प्रणिधान के पथ हैं। समाधि की अवस्था में व्यक्ति

अहंकार से बाहर निकलकर व्यक्तित्व की अवैयक्तिक स्थिति में पहुँच जाता है। यम और नियम उसे विशुद्ध कर्म की ओर ले जाते हैं। आसन, प्राणायाम और प्रत्याहार से ज्ञान विकसित होता है तथा ध्यान, धारणा और समाधि व्यक्ति को भक्ति की ओर ले जाते हैं। इस प्रकार अष्टांग योग तीन महान् पथों का समागम है—कर्म, ज्ञान और भक्ति।

विभूति पाद में पतंजलि ने न केवल अलौकिक या असाधारण शक्तियों को प्राप्त करने की व्याख्या की है, बल्कि योग के दिव्य प्रभावों का अनुभव करने की भी चर्चा की है। वास्तव में, इस अध्याय के दो पहलू हैं—एक पहलू ध्यान, धारणा और समाधि के माध्यम से आध्यात्मिक ज्ञान की प्राप्ति के विषय में बताता है; जबकि दूसरा पहलू अर्जित की जानेवाली शक्तियों की व्याख्या करता है।

इन अलौकिक या असाधारण शक्तियों को 'अष्ट-सिद्धि' कहते हैं। ये हैं 'अणिमा', 'महिमा', 'गरिमा', 'लघिमा', 'प्राप्ति', 'प्राकाम्य', 'ईशित्व', 'वशित्व' अर्थात् छोटा या बड़ा, भारी या हलका, सबकुछ प्राप्त करने की शक्ति या सारी इच्छाओं की सिद्धि, सभी पर श्रेष्ठता, किसी भी व्यक्ति या वस्तु को वश में करना।

निस्संदेह ये शक्तियाँ किसी को भी महान् उपलब्धि के समान प्रतीत हो सकती हैं। यहाँ मैं आपका ध्यान एक बार फिर लक्ष्मण रेखा की कथा की ओर ले जाना चाहूँगा। ये शक्तियाँ उस व्यक्ति के समान हैं, जो हवा से भागता है और तूफान में फँस जाता है। यहाँ मैं अभ्यास करनेवालों को विभेद करनेवाली शक्ति के महत्त्व से सावधान करना चाहूँगा। पतंजलि ने अभ्यास करनेवालों को इन शक्तियों के प्रति सचेत किया था; क्योंकि ये लोभ की ओर ले जाते हैं, जिनसे दुःख की प्राप्ति होती है। उन्होंने इन शक्तियों का त्याग करने और लोभ से निकलकर अभ्यास में आगे बढ़ने की सलाह दी थी। उन्हें मुख्य लक्ष्य को ध्यान में रखना चाहिए, जो मुक्ति तथा जाग्रत् आत्मा की प्राप्ति का अद्भुत अनुभव है।

कैवल्य पाद में पतंजलि ने समाधि और कैवल्य के अंतर की व्याख्या

की है। समाधि का अर्थ है—व्यक्ति की सिद्ध स्थिति और कैवल्य का अर्थ है—जन्म-मरण से पूर्ण मुक्ति। इसमें अभ्यास करनेवाला उस दशा में पहुँच जाता है, जहाँ वह दैनिक जीवन में हानि-लाभ की चिंता छोड़ देता है।

चूँकि मन ही किसी मनुष्य को बनाता और बिगाड़ता है, इस कारण यौगिक अभ्यास से व्यक्ति जीवन में तरक्की की ओर बढ़ता है और उसे अपने जीवन से अहंकार का काँटा निकालने में मदद मिलती है तथा वह जीवन के स्रोत यानी ईश्वर को प्राप्त करता है।

इस दशा को प्राप्त करने के बाद क्रिया तथा प्रतिक्रिया उसे प्रभावित नहीं करते। इच्छाएँ उसे अपने आप छोड़कर चली जाती हैं। इस उपलब्धि से मन की सारी हलचल समाप्त हो जाती है और तरंगों का अंत हो जाता है। इसका अभ्यास करनेवाला मुक्ति (मोह) का अनुभव कर ज्ञान की वह ज्योति अपने अंदर जलाता है, जिसके स्रोत महर्षि पतंजलि हैं।

समाधि पाद शिक्षा का बीज और कैवल्य पाद जीवन-मरण की समाप्ति है।

□

समाधि पाद

गहन चिंतन पर

मंगल शासनम् (परिवर्तन की शुभ घड़ी)

अथ योगानुशासनम् ॥ 1 ॥

अथ—अब, शुभ घड़ी, मंगल कामना; योग—मिलन, प्रयोग, साधन, परिणाम; अनुशासनम्—निर्देश।

चूँकि यह शुभ घड़ी है, इस कारण पतंजलि ने योग का रहस्य बताना आरंभ किया है। यह एक शाश्वत परंपरा है, जो बताती है कि यदि व्यक्ति योग की साधना के पथ पर चलता है तो वह आध्यात्मिक रूप से समृद्ध हो सकता है।

योग क्या है?

योगश्िंचत्तवृत्तिनिरोधः ॥ 2 ॥

योगः—मिलना या एक हो जाना; चित्त—मन (मानस) की चेतना, बुद्धि और अहंकार; वृत्ति—परिवर्तन, कार्य, घटना; निरोधः—रोकना, समापन।

योग ऐसी विधि है, जो मन में वह शक्ति विकसित करती है; जिससे चेतना में विचारों के उतार-चढ़ाव का निरोध होता है, जिससे व्यक्ति को उस चेतना के साथ जुड़ने में मदद मिलती है; जो कहीं भी पहुँच जानेवाले मन, इंद्रियों,

बुद्धि तथा मैं हूँ से बनी होती है। यौगिक पद्धतियों के पालन से व्यक्ति चेतना के उतार-चढ़ाव, भटकाव, परिवर्तन और सुधार से मुक्त रहना सीख जाता है।

योग के प्रभाव

तदा द्रष्टुः स्वरूपेऽवस्थानम्॥ 3॥

तदा—उस समय; द्रष्टुः—अहम, परमात्मा, आत्मा; स्वरूपे—अपनी ही अवस्था में; अवस्थानम्—मानता है, रहता है, चमकता है।

विचारों पर इस प्रतिबंध या नियंत्रण से चेतना उस आत्मा या परमात्मा की अनुभूति करने की स्थिरता प्राप्त करती है, जो अपने ही स्थान पर रहते हैं और अपने ही वैभव से प्रकाशमान होते हैं।

चेतना परमात्मा को कैसे आकर्षित करती है?

वृत्तिसारूप्यमितरत्र॥ 4॥

वृत्ति—उतार-चढ़ाव, बदलाव; सारूप्यम्—पहचान, एक समान; इतरत्र—अन्य समय में, कहीं और अन्य समय में परमात्मा या आत्मा की पहचान चेतना में होनेवाली भयंकर हलचल से होती है और वह उसके बंधन में जकड़ा रहता है।

चेतना में उतार-चढ़ाव के पाँच प्रकार

वृत्तयः पञ्चतय्यः क्लिष्टा; क्लिष्टाः॥ 5॥

वृत्तयः—फेर-बदल; पञ्चतय्यः—पाँच गुना; क्लिष्ट—से ग्रस्त, कष्टकारी, पीड़ादायक; अक्लिष्टः—प्रसन्नचित्त, तनाव-रहित।

चेतना में होनेवाले यह फेर-बदल पाँच प्रकार के होते हैं, जो दो रूपों में सामने आते हैं। वे कष्टदायी और अमंगलकारी या निर्विघ्न या अकष्टकारी हो सकते हैं।

वे क्या हैं और उन्हें कैसे जानें?

प्रमाणविपर्ययविकल्पनिद्रास्मृतयः ॥ 6 ॥

प्रमाण—सिद्ध ज्ञान, सही ज्ञान; विपर्यय—प्रतिकूल, गलत निर्णय; विकल्प— कल्पना, स्वप्न, गलत धारणा; निद्रा—नींद; स्मृतयः—स्मृति, याद।

पाँच प्रकार के ये फेर-बदल या गतिविधियाँ हैं—(क) सही और सिद्ध ज्ञान, (ख) गलत निर्णय, (ग) गलत या काल्पनिक धारणा, (घ) नींद, (ङ) स्मृति।

प्रत्यक्षानुमानागमाः प्रमाणानि ॥ 7 ॥

प्रत्यक्ष—सही धारणा, सही ज्ञान अनुमान—अर्थ; आगमाः—पारंपरिक पवित्र सूत्र, धर्मग्रंथ से लिये गए संदर्भ; प्रमाणानि—साक्ष्य के प्रकार।

मान्य, सही ज्ञान और समझ इनसे प्राप्त होती है—(1) सही धारणा, (2) बौद्धिक तर्क और अनुभवजन्य भावनाओं (निष्कर्षों) से तथा (3) आधिकारिक और पवित्र धर्मग्रंथ, जैसे उपनिषदों से तथा इस विषय पर महारत रखनेवाले व्यक्तियों के कथनों से।

विपर्ययो मिथ्याज्ञानमतद्रूपप्रतिष्ठम् ॥ 8 ॥

विपर्ययः—दोषपूर्ण निर्णय; मिथ्याज्ञानम्—निराधार ज्ञान; अतद्रूप—जो अपने रूप में नहीं है; प्रतिष्ठम्—बैठना, दिखना, बना लेना।

गलत धारणाओं पर आधारित दोषपूर्ण निर्णय से निराधार धारणाएँ मन में बैठ जाती हैं, जो यथार्थ को विकृत कर देती हैं।

शब्दज्ञानानुपाती वस्तुशून्यो विकल्पः ॥ 9 ॥

शब्दज्ञान—मौखिक ज्ञान; अनुपाती—पाने का प्रयास करना; वस्तुशून्यः—तत्त्वरहित; विकल्पः—कल्पना।

वास्तविक ज्ञान को परखे बिना केवल शब्दों को बुनते रहना तथा परीक्षण या अनुभवजन्य ज्ञान न होने को कल्पना कहते हैं।

अभावप्रत्ययालम्बना वृत्तिर्निद्रा ॥ 10 ॥

अभाव—बिना अस्तित्व का, ज्ञान की कमी; प्रत्यय—विश्वास, अर्थ; आलंबना—सहारा; वृत्तिः—कार्य; निद्रा—नींद।

गहरी नींद से ज्ञान समाप्त हो जाता है और अस्तित्व न होने का भी आभास होता है।

अनुभूतविषयासंप्रमोषः स्मृतिः ॥ 11 ॥

अनुभूत—अनुभव किया गया, समझा गया; विषय—कोई वस्तु असंप्रमोषः—छूटकर जाने न देना; स्मृतिः—स्मरण, याद।

स्मृति और कुछ नहीं बल्कि शब्दों और अनुभवों का संग्रह है, जो पक्षपात और भेदभाव से मुक्त होता है।

मन को शांत रखने के साधन

अभ्यासवैराग्याभ्यां तन्निरोधः ॥ 12 ॥

अभ्यास—निरंतर प्रयास; वैराग्याभ्याम्—इच्छाओं से मुक्ति; तन्निरोधः—उन्हें रोकना।

अभ्यास और वैराग्य से उन सभी अशांतियों को दूर करने में सहायता मिलती है, जो ध्यान को भंग करते हैं।

तत्र स्थितौ यत्नोऽभ्यासः ॥ 13 ॥

तत्र—इनका, इन परिस्थितियों में; स्थितौ—निरंतरता के संबंध में या संपूर्ण नियंत्रण; यत्नः—सार्थक प्रयास; अभ्यासः—प्रयास, अभ्यास।

अभ्यास एक स्थिर प्रयास है, जो चेतना में इन भटकावों और उतार-चढ़ाव को शांत करने का प्रयास है, जिससे ध्यान को एक बिंदु पर केंद्रित और स्थिर किया जा सके।

क्या समय की कोई सीमा होती है?

स तु दीर्घकालनैरन्तर्यसत्कारासेवितो दृढभूमिः ॥ 14 ॥

स—यह; तु—और; दीर्घकाल—लंबी अवधि; नैरन्तर्य—लगातार; सत्कार—भक्ति, समर्पण; आसेवितः—पूरे मन से अभ्यास; दृढभूमिः—ठोस भूमि, जमी हुई जड़वाला।

यह अभ्यास लंबी अवधि तक भक्ति और उत्साह के साथ किया जाता है। इसमें एक लंबा समय लगता है, जिसमें कोई बाधा न हो, ताकि चेतना में एक ठोस और स्थिर आधार तैयार हो सके।

वैराग्य क्या है?

दृष्टानुश्रविकविषयवितृष्णस्य वशीकारसंज्ञा वैराग्यम्॥ 15 ॥

दृष्टा—दिखनेवाला; आनुश्रविक—सुना हुआ; विषय—वस्तु; वितृष्णस्य—इच्छाओं से मुक्ति; वशीकारसंज्ञा—नियंत्रण में लाना; वैराग्यम्—वैराग्य, मोह-माया से मुक्ति।

सांसारिक भोग-विलास और इच्छाओं को नियंत्रित करने का एक और तरीका है—वैराग्य, भले ही ऐसी अभिलाषा व्यक्ति में स्पष्ट रूप से दिखती हो या नहीं। वैराग्य की ओर बढ़ने से पहले व्यक्ति को अपने अंदर मोह से मुक्ति की भावना जगानी पड़ती है। वैराग्य की दशा को प्राप्त करने का यह पहला कदम है।

तत्परं पुरुषख्यातेर्गुणवैतृष्ण्यम्॥ 16 ॥

तत्परं—सर्वोच्च, उत्कृष्ट; पुरुषख्याते—आत्मा के विषय में धारणा; गुणवैतृष्ण्यम्—प्रकृति के गुणों, जड़ता (तम), मोह या तरंग (रज) तथा प्रदीप्तता या शांति (सत्त्व) के गुणों के प्रति उदासीन भाव रखना।

वैराग्य से भी एक उच्च्व और श्रेष्ठ मार्ग है। वह मार्ग है प्रकृति के गुणों (तम, रज और सत्त्व) के प्रति उदासीनता की भावना को जगाना और फिर

इन गुणों को त्यागते हुए आत्मा की ओर बढ़ जाना।

अभ्यास और वैराग्य के फल

वितर्कविचारानन्दास्मितारूपानुगमात् संप्रज्ञात; ॥ 17 ॥

वितर्क—विश्लेषणात्मक अध्ययन, अनुमान लगाना; विचार—कारण, अंतर्ज्ञान; आनंद—प्रसन्नता; स्मितारूप—चेतना, अपने साथ; अनुगमात्—समझना, अर्थ ग्रहण करना; संप्रज्ञातः—वास्तविक ज्ञान, सटीक रूप से जानना।

अभ्यास और वैराग्य से चार फल प्राप्त होते हैं—

(क) गहन विश्लेषण से ऐसी बुद्धि प्राप्त होती है, जो व्यक्ति को सही और गलत का भेद करने की क्षमता देती है। इसे वितर्क कहते हैं।

(ख) बुद्धि का सार प्राप्त होता है। व्यक्ति वास्तविकता को प्राप्त अंतर्ज्ञान से समझ पाता है। यह विचार है। यदि वितर्क मस्तिष्क का पहलू है तो विचार मन या चेतना का। विचार में विनम्रता का गुण होता है। इस विनम्रता से प्रसन्नता प्राप्त होती है।

(ग) आनंद वह खुशी या प्रसन्नता है, जो उस क्षण मिलती है, जब 'मैं' की समाप्ति हो जाती है।

(घ) जैसे ही 'मैं' की समाप्ति होती है, व्यक्ति को अपने वास्तविक रूप—आत्मा का ज्ञान प्राप्त हो जाता है। यह अस्मिता है।

विरामप्रत्ययाभ्यासपूर्वः संस्कारशेषोऽन्यः ॥ 18 ॥

विराम—विश्राम या आराम; प्रत्यय—उपयोग, एक कारण, उपकरण; पूर्वः—पुराना, बीता हुआ; संस्कारशेषः—अवचेतना, भावनाओं का शेष; अन्यः—भिन्न।

यह भी फल-प्राप्ति की एक और दशा है, जिसमें अव्यक्त भावों के सिवाय सारे विचार स्थिर हो जाते हैं। जैसे ही ये अप्रकट भाव सामने आते हैं, वे चेतना की शुद्धता को भंग कर देते हैं।

भवप्रत्ययो विदेहप्रकृतिलयानाम्॥ 19॥

भव—स्थिति, स्वभाव; प्रत्ययः—उपकरण; विदेह—अभौतिक; प्रकृतिलयानाम्—प्रकृति में विलीन।

इस दशा का प्रभाव अभौतिक अनुभूति कराता है या यह अपने आपको प्रकृति के तत्त्वों में विलीन कर देने के समान होता है। अनेक लोग ऐसा महसूस करते हैं कि अभौतिक हो जाना या स्वयं को प्रकृति में मिला देना ही अंतिम लक्ष्य है।

यद्यपि यह फल एक महान् उपलब्धि है, क्योंकि पतंजलि सावधान करते हैं कि यह अवस्था योग का अंत नहीं। और उन्हें अगले सूत्र में विश्वास एवं उत्साह के साथ साधना करने के लिए प्रेरित करते हैं।

साधना के चार स्तंभ

श्रद्धावीर्यस्मृतिसमाधिप्रज्ञापूर्वक इतरेषाम्॥ 20॥

श्रद्धा—विश्वास, भरोसा, वीर्य—जोश, ऊर्जा, वीरता; स्मृति—याददाश्त, समाधि—गहन ध्यान, चिंतन; प्रज्ञा—जागरूकता; पूर्वकः—पहले का, पहला; इतरेषाम्—अन्य, भिन्न।

अंतिम दो फल—आनंद और अस्मिता—निस्संदेह साधना में प्राप्त महान् सफलताएँ होती हैं। किंतु इन उपलब्धियों से किसी को भी पुनः ऊर्जा से भर जाना चाहिए, जिससे कि वह (क) विश्वास और भरोसे, (ख) नैतिक और मानसिक जोश, (ग) विशुद्ध स्मृति; तथा (घ) भक्ति और सही निर्णय के साथ लीन होने का अभ्यास कर सके।

अभ्यास करनेवालों की सहभागिता का स्तर

तीव्रसंवेगानामासन्नः॥ 21॥

तीव्र—तेज, तीखा, संवेगानाम्—त्वरित, प्रसन्नचित्त; आसन्नः—निकट

लाया गया, जिसमें कुछ ही समय शेष है।

समाधि की अवस्था उन लोगों के लिए निकट होती है, जो अपनी साधना या अभ्यास को अत्यधिक गहनता और घोर एकाग्रता से करते हैं।

मृदुमध्याधिमात्रत्वात् ततोऽपि विशेषः ॥ 22 ॥

मृदु—कोमल; मध्य—बीच का; अधिमात्रत्वात्—गंभीर, कठोर; ततः—इस प्रकार; अपि—भी; विशेषः—अंतर।

वे, जो अपने अभ्यासों में पूर्ण रूप से गहन और एकाग्र नहीं होते, उन्हें (क) मृदु, (ख) माध्यमिक, (ग) गंभीर होने के रूप में वर्गीकृत किया जाता है; क्योंकि उनका तरीका, उनकी बुद्धि और उनकी भावनात्मक क्षमता भी भिन्न-भिन्न हो सकती है।

ईश्वर के प्रति समर्पण

ईश्वरप्रणिधानाद्वा ॥ 23 ॥

ईश्वर—भगवान्, सार्वभौमिक आत्मा; प्रणिधानात्—ध्यान लगाना, प्रार्थना करना; वा—अथवा।

चेतना की इस संयमित अवस्था में पहुँचना संभव है, यदि इसके लिए अपने आपको भक्ति-भाव से परम-पुरुष या ईश्वर के प्रति समर्पित कर दिया जाए।

इस सूत्र योग में भक्तिमार्ग के महत्त्व को भी बताया गया है।

ईश्वर के विषय में

क्लेशकर्मविपाकाशयैरपरामृष्टः पुरुषविशेष ईश्वरः ॥ 24 ॥

क्लेश—दुःख, कष्ट; कर्म—क्रिया, कार्य; विपाक—पका हुआ, परिपक्व; आशयैः—स्थान, आवास; अपरामृष्टः—अप्रभावित, अछूता; पुरुषविशेष—कोई विशिष्ट व्यक्ति; ईश्वरः—भगवान्।

यह पुरुष एक सर्वोत्कृष्ट आत्मा है, जो कष्ट या दुःख तथा कर्म या उसके फल से पूरी तरह अछूता है। वह कारण और परिणाम से विमुक्त है। इसी कारण उस पुरुष को 'पुरुष विशेष' या 'भगवान्' का नाम दिया गया है।

तत्र निरतिशयं सर्वज्ञबीजम् ॥ 25 ॥

तत्र—वहाँ, वह; निरतिशयं—अतुलनीय, अद्वितीय; सर्वज्ञ—सबकुछ जानने वाला; बीजम्—एक बीज, स्रोत मूल।

उनमें ही सारे ज्ञान के अतुलनीय बीज समाहित हैं।

पहला और सर्वश्रेष्ठ गुरु

स एषः-पूर्वेषामपि गुरुः कालेनानवच्छेदात् ॥ 26 ॥

स—वह; एषः—ईश्वर; पूर्वेषाम्—पहला, सर्वश्रेष्ठ; अपि—भी; गुरुः—शिक्षक; गुरु; कालेन—समय; अवच्छेदात्—असीमित, अपरिमित।

वह सारे गुरुओं में सबसे पहले और सर्वश्रेष्ठ गुरु हैं, जो काल, स्थान या स्थल तक सीमित नहीं हैं।

सर्वव्यापी आत्मा का विशेष गुण ही यही है कि वह अपने आपको निराकार से साकार रूप में ढाल लेता है। इस प्रकार, जिस क्षण अलौकिक आत्मा मार्गदर्शन के लिए साकार रूप लेती है, भगवान् व्यक्ति के रूप में प्रकट होते हैं और सारे गुरुओं के सबसे पहले और सर्वश्रेष्ठ गुरु बन जाते हैं।

वह (ईश्वर) ॐ में दिखते हैं।

तस्य वाचकः प्रणवः ॥ 27 ॥

तस्य—वह (ईश्वर); वाचकः—संकेत देते हैं; प्रणवः—पवित्र रक्षक 'ॐ'।

वह पवित्र अक्षर ॐ में दिखते हैं, जिसे 'प्रणव' कहा जाता है।

ॐ का उच्चारण कैसे करें?

तज्जपस्तदर्थभावनम् ॥ 28 ॥

तत—वह (ॐ); जपः—जपना; तदर्थभावनम्—भाव के साथ उसका अर्थ।

पवित्र अक्षर ॐ का जाप करते हुए उसका उच्चारण बार-बार किया ज़ाना चाहिए तथा ऐसा करते समय संपूर्ण भक्ति-भाव से उसके अर्थ को भी समझना चाहिए।

ततः प्रत्यक्चेतनाधिगमोऽप्यन्तरायाभावश्च ॥ 29 ॥

ततः—पुनः, फिर; प्रत्यक्चेतना—व्यक्तिगत आत्मा, आत्मविश्लेषी मन; अधिगमः—खोज, सिद्ध करना; अपि—भी; अंतराय—बाधा, रुकावट; अभावः—कमी; च—और।

शब्द और विचार में इस प्रणव (ॐ) के साथ आंतरिक अहम और शारीरिक या मानसिक उथल-पुथल के हस्तक्षेप की अनुभूति होती है।

आध्यात्मिक साधना में बाधाएँ

व्याधिस्त्यानसंशयप्रमादालस्याविरति-
भ्रान्तिदर्शनालब्धभूमिकत्वानवस्थितत्वानि
चित्तविक्षेपास्तेऽन्तरायाः ॥ 30 ॥

व्याधि—बीमारी, निठुराई; स्त्यान—धैर्य की कमी; संशय—अनिर्णय की स्थिति; प्रमाद—लापरवाही, आलस्य; अविरति—व्यभिचार; भ्रांतिदर्शन—भ्रम में जीना; अपलब्धभूमिकत्व—बिंदु से भटक जाना, प्राप्त उपलब्धि को सहेजने में विफलता; अनवस्थितत्वानि—प्रकृति को बनाए रखने की अक्षमता; चित्तविक्षेपः—चेतना में भटकाव उत्पन्न करना; ते—ये; अंतरायः—बाधाएँ, रुकावटें।

ये रुकावटें (क) रोग, (ख) उदासीनता, (ग) अनिर्णय, (घ) उपेक्षा,

(ङ) आलस, (च) अपने स्वार्थी स्वभाव पर नियंत्रण न रख पाना, (छ) भ्रम में देखना और सोचना, (ज) प्राप्त उपलब्धि को सहेज पाने की अक्षमता और (झ) प्राप्त प्रगति को बनाए रखने में विफलता के कारण उत्पन्न होती हैं। ये चेतना को आध्यात्मिक प्रगति के मार्ग पर बढ़ने के दौरान भटकने, हस्तक्षेप करने और रोकने का कार्य करते हैं।

इन बाधाओं को बढ़ावा देनेवाले अन्य कारण

दुःखदौर्मनस्याङ्गमेजयत्वश्वासप्रश्वासा विक्षेपसहभुवः ॥ 31 ॥

दुःख—शोक, विषाद; दौर्भनस्य—निराशा; अंगमेजयत्व—शरीर की अस्थिरता; श्वासप्रश्वास—साँस को अंदर खींचना और बाहर छोड़ना; विक्षेप—ध्यान को भटकाना; सहभुवः—समवर्ती, समरूपी।

इन बाधाओं के अतिरिक्त (क) शोक, (ख) निराशा, (ग) शरीर में उत्पीड़न और (घ) प्रयास के साथ साँस लेने एवं छोड़ने से चेतना में और भी भटकाव उत्पन्न होता है। (इनके अतिरिक्त एक स्वस्थ व्यक्ति में भी शरीर के दाएँ और बाएँ हिस्से में या शरीर, मन और बुद्धि के बीच असामंजस्य हो सकता है।)

बाधाओं को रोकने के उपाय और साधन

तत्प्रतिषेधार्थमेकतत्त्वाभ्यासः ॥ 32 ॥

तत्प्रतिषेधार्थम्—उन्हें रोकने के लिए; एकः—एकमात्र; तत्त्व—एक सिद्धांत, उद्‌देश्य; अभ्यासः—अभ्यास।

ध्यानपूर्वक, एक उद्‌देश्य के लिए, सिद्धांत के अनुरूप किए जानेवाले अभ्यास से न केवल सारी बाधाओं को रोका जा सकता है, बल्कि सारी विसंगतियों को भी दूर किया जा सकता है।

चेतना का स्वस्थ होना

मैत्रीकरुणामुदितोपेक्षाणां सुखदुःखपुण्यापुण्यविषयाणां भावनातश्चित्तप्रसादनम् ॥ 33 ॥

मैत्री—मित्रता; करुणा—दया; मुदिता—प्रसन्नता; उपेक्षाणां—निरपेक्ष होना, उदासीन; सुख—सुखी; दुःख—कष्ट; पुण्य—भलाई; अपुण्य—कदाचार; विषयाणां—विषय से संबंधित; भावनातः—विचारपूर्ण, अवधारणा; चित्तप्रसादनम्—अनुकूल प्रकृति।

मन चित्त को प्रतिकूल प्रवृत्ति का बनाने के लिए निम्नलिखित बातों की मदद लेता है—(क) सबसे मित्रता, (ख) कष्ट झेलनेवालों के प्रति करुणा, (ग) खुशी से जीवन जीनेवालों के प्रति प्रसन्नता, (घ) अच्छे और बुरे के प्रति समभाव तथा कदाचारियों को सुधार का एक अवसर देने के पश्चात् उदासीन हो जाना।

सूक्ति या सूत्र एक 1.33 से 1.39 तक उन उपायों का वर्णन है, जो चेतना को भटकाव (चित्त विक्षेप) की बेड़ियों से मुक्त कर चेतना की आकर्षक अवस्था (चित्तप्रसादनम्) की ओर ले जाते हैं। चेतना की इस आकर्षक अवस्था से आत्मज्ञान की यात्रा पर प्रस्थान करना सरल हो जाता है।

इन योगसूत्रों से हमें सामाजिक स्वास्थ्य और भलाई की दिशा में भी सहायता मिलती है।

अंततः वे हमें अप्रत्यक्ष रूप से योग के आठ चरणों (अष्टांग योग), यानी— यम, नियम, आसन, प्राणायाम, प्रत्याहार, धारणा, ध्यान तथा समाधि की ओर ले जाते हैं।

प्रच्छर्दनविधारणाभ्यां वा प्राणस्य ॥ 34 ॥

प्रच्छर्दन—निकास, छोड़ना; विधारणाभ्यां—नियमित रखना; वा—या, एक विकल्प; प्राणस्य—साँस लेना।

धीरे-धीरे साँस को पूरी तरह छोड़ देना, जिससे कि फेफड़े रिक्त प्रतीत हों और फिर उस अवस्था में कुछ देर शांत मन से ठहरने पर चेतना में स्थिरता का अनुभव स्वतः होने लगता है।

यह सूत्र प्राणायाम की उन विधियों की व्याख्या करता है, जिनसे चेतना में स्थिरता की प्राप्ति की जाती है। इसलिए मुझे लगता है कि इससे पहले का सूत्र यम, नियम तथा आसन के लिए दिया गया है। मित्रता, करुणा और प्रसन्नता स्पष्ट रूप से यम और नियम के अंतर्गत आते हैं। अच्छे स्वास्थ्य के लिए मित्रता और करुणा अनिवार्य गुण के समान हैं। अच्छा स्वास्थ्य प्राप्त कर लेने के बाद शरीर के प्रति विरक्ति उत्पन्न कर उदासीनता का प्रदर्शन करना सीखें। इसका प्रयोग मन से करते हुए मन को ही पहल करने दें।

1.34 के बाद के सूत्र प्रत्याहार, धारणा, ध्यान और समाधि की चर्चा करते हैं।

मन को नियंत्रित करने का एक उपाय

विषयवती वा प्रवृत्तिरुत्पन्ना मनसः स्थितिनिबन्धनी ॥ 35 ॥

विषयवती—संबंधित, किसी विषय से जुड़ा; वा—या; प्रवृत्ति—चिंतन करना; उत्पन्ना—ग्रहण किया गया, प्राप्त किया गया, नियमित किया गया; स्थिति—दशा; निबन्धनी—आधार, साथ जोड़नेवाला।

चेतना को प्रसन्न अवस्था में रखने का एक और तरीका है—किसी धारणा या कथित वस्तु के विषय में चिंतन करना। इस प्रकार के चिंतन रो कार्य करनेवाले अंगों और इंद्रियों के बीच एक सामंजस्य पैदा होता है और साधना के क्रम में साधक का मन स्थिर दशा को प्राप्त करता है। यह सूत्र प्रत्याहार की व्याख्या करता है।

विशोका वा ज्योतिष्मती ॥ 36 ॥

विशोक—शोक से मुक्त, शोक से मुक्त प्रकाश का प्रवाह; वा—या; ज्योतिष्मती—प्रकाश-युक्त, मन की शांत दशा।

या किसी प्रकाश-युक्त विचार के चिंतन से, जो कष्ट और शोक-मुक्त हो, व्यक्ति मन की शांति प्राप्त करता है। यह लगभग धारणा ही है।

वीतरागविषयं वा चित्तम् ॥ 37 ॥

वीत—विमुक्त, के बिना; राग—इच्छा, लगाव; विषयं—एक वस्तु; वा—या; चित्तम्—चेतना।

या फिर प्रबुद्ध योगियों और तपस्वियों का ध्यान करने से, जो सांसारिक बंधनों से मुक्त हो चुके हैं और इच्छाओं से भी मुक्त हैं, व्यक्ति के मन को शांति प्राप्त होती है। यह कुछ और नहीं बल्कि ध्यान है।

स्वप्ननिद्राज्ञानालम्बनं वा ॥ 38 ॥

स्वप्न—स्वप्न की अवस्था, निद्रा—नींद की अवस्था; ज्ञान—जाग्रत् अवस्था; आलंबन—समर्थन, सहारा या टिका हुआ, मदद, संपूर्ण को शाश्वत से अलग करना; वा—या।

या जाग्रत् अवस्था में स्वप्निल और निद्रा की अवस्था का स्मरण करना ज्ञान की एकमात्र अवस्था को बनाए रखने में संदर्भ का कार्य करती है। विचार की तरंगों पर विराम लगाने में सहायक होती है तथा इसके साथ ही ध्यान को एकाग्र रखने में भी मदद करती है। यह अवस्था समाधि (समाधान चित्त) के समीप होती है या इसे चेतना की शांत अवस्था (समाहित चित्त) कहा जा सकता है।

यथाभिमतध्यानाद्वा ॥ 39 ॥

यथाभिमत—वह, जिसकी अभिलाषा है, एक सुखद वस्तु, जो कि इच्छा

के अनुरूप हो; ध्यानात्—ध्यान से; वा—या।

समाप्ति या समाधि की ओर ले जानेवाले ध्यान की एक और पद्धति उस इच्छा के चयन की होती है, जो उत्थान कराती है या ऐसे लक्ष्य के चयन की होती है, जो अपने आपको प्रिय लगती है। इस प्रकार के विषय पर चिंतन से भी शांति प्राप्त होती है।

जब बाधाएँ दूर हो जाती हैं तो क्या होता है?

परमाणु परममहत्त्वान्तोऽस्य वशीकारः ॥ 40 ॥

परमाणु—एक सूक्ष्मतम कण; परममहत्त्वान्तः—सर्वोच्च, सर्वोत्कृष्ट, महानतम अस्य—इसका; वशीकारः—जिस पर महारत हो।

मन पर नियंत्रण की जो विधियाँ ऊपर बताई गई हैं, उनसे तत्त्व के सूक्ष्मतम कण पर भी महारत प्राप्त हो जाती है, साथ ही कोशिकाओं के साथ शरीर के अंदर के अहं पर भी पूर्ण नियंत्रण हो जाता है।

इसके बाद के सूत्र अभ्यास और वैराग्य के प्रभावों की चर्चा करते हैं।

जीवन के रत्न

क्षीणवृत्तेरभिजातस्येव मणेर्ग्रहीतृग्रहणग्राह्येषु तत्स्थतदञ्जनता समापत्तिः ॥ 41 ॥

क्षीण—विलीन होना; वृत्तेः—बदलावों, उतार-चढ़ावों; अभिजातस्य भद्र, कुलीन, विनीत, योग्य, निष्पक्ष—एव समान मणेः—निष्कलंक स्फटिक, क्रिस्टल; ग्रहीतृ—जाननेवाला, उपकरण जो जाननेवाले के विषय में बताता है; ग्राह्येषु—वह जाननेवाला, जिसे जान लिया जाना है; तत्स्थ—स्थिर हो जाना; तदञ्जनता—परम पुरुष से ज्ञान प्राप्त करना या उनका रूप ले लेना;

समापत्तिः—नया रूप लेना, वास्तविक रूप लेना, संपूर्णता को प्राप्त कर लेना।

हमारे मन में आने-जाने और घूमनेवाले विचार जब स्थिर हो जाते हैं, तब आंतरिक तल्लीनता की ओर पूर्ण परिवर्तन हो जाता है। पतंजलि ने चेतना की तुलना एक निष्कलंक मणि से की है, जो पूर्णतया शुद्ध होती है। किसी मणि पर जब प्रकाश की किरणें पड़ती हैं, तब वह जिस प्रकार चमकती है, उसी प्रकार अपने आंतरिक प्रकाश से आत्मा किसी मणि के समान चमकने लगती है। यह प्रकाश ही ज्ञाता (आत्मा) है। यह उसे भी प्रकाशित करती है, जो जाना हुआ है और इसके बाहर है।

सत्य यह है कि आत्मा चमकती है और जानने की क्रियाओं एवं साधनों को आलोकित करती है। इनमें से पहला विषय है, दूसरा क्रिया है, तीसरा वस्तु और ये सभी एक अविभाजित और वास्तविक रूप में सिमटे होते हैं।

वास्तव में, विषय, साधन और वस्तु कुछ और नहीं बल्कि आत्मा (परमात्मा) हैं। आत्मा के जब ये तीनों पहलू एकजुट हो जाते हैं, तभी व्यक्ति उसका अनुभव करता है कि आत्मा, परमात्मा और याचक सब एक ही हैं।

बीज के साथ मिल जाना

तत्र शब्दार्थज्ञानविकल्पैः संकीर्णा सवितर्का समापत्तिः ॥ 42 ॥

तत्र—वहाँ; शब्द—शब्द; अर्थ—उद्‌देश्य, लक्ष्य, मायने; ज्ञान—जानना; विकल्पैः—कल्पना, किसी नियम का पालन करना, अनुमान; संकीर्णा—मिश्रित, आपस में मिलाया हुआ; सवितर्का—पूरी तरह मगन हो जाना; समापत्तिः—कायपलट, रूपांतरण।

चूँकि यह समापत्ति मानसिक स्तर पर होती है, इसलिए इसका अर्थ और भाव अनुभव करानेवाली इंद्रियों और मन के माध्यम से यह आपस में घुल-मिल जाते हैं। इस कारण ही इसे 'सवितर्का समापत्ति' या 'पूरी तरह तल्लीन हो जाना' कहा जाता है।

स्मृतिपरिशुद्धौ स्वरूपशून्येवार्थमात्रनिर्भासा निर्वितर्का ॥ 43 ॥

स्मृति—स्मरण; परिशुद्धौ—पूरी तरह शुद्ध किया गया; स्वरूपशून्य—अपनी प्रकृति से पूरी तरह विरक्त; एव—जैसा कि, अर्थमात्रनिर्भासा—अपने शुद्धतम रूप; में चमकना; निर्वितर्का—झलक न दिखना, बिना विश्लेषण या तर्क के।

स्मृति जब विशुद्ध हो जाती है, तब मन की कोई पहचान नहीं रहती। दूसरे शब्दों में कहें तो जब कुछ स्मरण नहीं रह जाता, तब मन की पहचान भी समाप्त हो जाती है। इस प्रकार, बाहरी स्रोतों का हस्तक्षेप न होने से केवल बुद्धि ही आलोकित रह जाती है। इसे ही 'निर्वितर्का समापत्ति' कहते हैं।

एतयैव सविचारा निर्विचारा च सूक्ष्मविषया व्याख्याता ॥ 44 ॥

एतय—इससे; एव—भी; सविचारा—चिंतन, मनन; निर्विचारा—बिना सोच-विचार; च—और; सूक्ष्मविषया—सूक्ष्म वस्तु, विषय; व्याख्याता—संबंधित, बताई गई, प्रतिपादित।

चेतना के गूढ़ पहलुओं, अर्थात् बुद्धि, मैं रूप या 'मैं हूँ' की अनुभूति पर प्रयास के साथ चिंतन करने को 'सविचार समापत्ति' कहते हैं। यदि स्वतः रूप से चिंतन की चेतना जाग्रत् हो जाती है, जिसमें इच्छा या प्रयास नहीं होता, तो उसे 'निर्विचार समापत्ति' कहते हैं।

यह आसनों की सिद्ध प्रस्तुति के ही समान होती है, जिसमें किसी प्रकार की इच्छा और प्रयास की आवश्यकता नहीं पड़ती है।

बिना प्रयास और इच्छावाले इस चिंतन को 'निर्विचार समापत्ति' या 'सहज ज्ञान' कहते हैं।

प्रकृति की गोद में स्थित चेतना

सूक्ष्मविषयत्वं चालिङ्गपर्यवसानम् ॥ 45 ॥

सूक्ष्मविषयत्वं—गूढ़ विचार या तत्त्व; च—और; आलिङ्ग—बिना किसी विशेष पहचान के; पर्यवसानम्—अंत।

चेतना प्रकृति का सबसे सूक्ष्मतम कण है। जिस क्षण यह प्रकृति के मूल में लौट जाती है, उसी क्षण सारे भेद समाप्त हो जाते हैं। जैसे ही चेतना भेदों से मुक्त होती है, विचारक, विचार की क्रिया और विचार का भी अलग-अलग अस्तित्व नहीं रह जाता है। इस प्रकार चेतना की अनिश्चितताओं का भी अंत हो जाता है।

ये सभी ध्यान के बीज हैं

ता एव सबीजः समाधिः ॥ 46 ॥

ता—वे; एव—केवल; सबीजः—बीज सहित; समाधिः—गहन ध्यान या समाधि।

सभी प्रकार के इन समापनों (समापत्तिः) को बीज सहित या आलंबन के साथ की समाधियों में मिला दिया जाता है।

समापन के प्रभाव

निर्विचारवैशारद्येऽध्यात्मप्रसादः ॥ 47 ॥

निर्विचार—चिंतन का समापन; वैशारद्ये—कुशल, गूढ़ ज्ञान; अध्यात्म—परमात्मा (जो व्यक्ति आत्मा का रूप लेता है); प्रसादः—स्पष्टता, चमक, इच्छाओं का अंत होना।

चिंतन के इस स्तर पर प्राप्त सिद्धि से ऐसी अनुकूल परिस्थिति उत्पन्न होती है कि आत्मा का प्रकाश प्रज्वलित होता है और अपनी संपूर्ण सीमाओं,

यानी शरीर को आलोकित कर देता है।

ऋतम्भरा तत्र प्रज्ञा ॥ 48 ॥

ऋतंभरा—सत्य की पुष्टि करना, आध्यात्मिक ज्ञान से पूर्ण; तत्र—उसमें; प्रज्ञा—बुद्धि, ज्ञान का प्रकोष्ठ।

आत्मा के इस आलोक से सत्य और ज्ञान के रहस्य से परदा उठ जाता है।

प्रत्यक्ष ज्ञान और बुद्धि

श्रुतानुमानप्रज्ञाभ्यामन्यविषया विशेषार्थत्वात् ॥ 49 ॥

श्रुत—सुना, पता लगाया गया; अनुमान—निष्कर्ष, अटकल; प्रज्ञाभ्याम्—परख की बुद्धि से; अन्यविषया—अन्य वस्तु; विशेषः—विशिष्ट, विशेष गुण; अर्थत्वात्—उद्देश्य, लक्ष्य, साध्य।

इस प्रकार का ज्ञान अनुमानों या पवित्र धर्मग्रंथों या महापुरुषों पर निर्भर रहने से नहीं, बल्कि सहज ज्ञान से उत्पन्न विचार या आत्मा का दर्शन करानेवाले आलोक से प्राप्त होता है।

बीज-रहित समाधि का अनुभव करने के लिए अतीत और वर्तमान की धारणाओं का त्याग करना ही होगा।

तज्जः संस्कारोऽन्यसंस्कारप्रतिबन्धी ॥ 50 ॥

तज्जः—ऋतंभरा प्रज्ञा से उत्पन्न; संस्कारः—धारणा; अन्यसंस्कार—अन्य धारणाएँ, अन्य विचार या रूप; प्रतिबन्धी—विरोधाभासी, आसन्न।

इस अनुभवजन्य आध्यात्मिक ज्ञान से एक गहन आंतरिक विनिर्माण होता है। यह हमें पूर्व की धारणाओं से मुक्त कर देता है, अतीत की छवियों को मिटा देता है और वर्तमान के सारे निराधार निष्कर्षों को दूर कर देता है।

बीज-रहित समाधि

तस्यापि निरोधे सर्वनिरोधान्निर्बीजः समाधिः ॥ 51 ॥

तस्यापि—वह भी, निरोधे—रोककर, समाप्त कर सर्व—सभी निरोधात्—दबाकर; निर्बीजः—बीज-रहित, समाधिः—गहन ध्यान।

यदि हम इस नए ज्ञान की प्राप्ति से अपने आपको सभी पहचानों से मुक्त करने में सफल रहे तो ध्यान की निर्बीज या असंपुष्ट अवस्था (निर्बीज समाधि) का मार्ग प्रशस्त हो जाता है।

॥ इति समाधि पादः ॥

इस प्रकार समाधि पर पतंजलि के योग का पहला भाग समाप्त होता है।

□

साधन पाद

क्रियायोग

तपःस्वाध्यायेश्वरप्रणिधानानि क्रियायोगः ॥ 1 ॥

तप—ऊष्मा, पूर्णता पर पहुँचने की ज्वलंत इच्छा, जो सारी अशुद्धियों को जला देती है, आत्म-अनुशासन; स्वाध्याय—स्वयं का अध्ययन, स्वयं के बारे में गहन चिंतन; ईश्वर—भगवान्, परमात्मा; प्रणिधानानि—समर्पण की मुद्रा में लेटना; क्रियायोगः—क्रिया योग।

योग के तीन प्रमुख कार्य हैं—(क) स्वयं के अभ्यास और अध्ययन पर दक्षता की ओर गहन उपयोग, (ख) पवित्र ग्रंथों के अध्ययन से या अध्ययन के बिना आध्यात्मिक ज्ञान की उत्साही खोज, और (ग) अपने अस्तित्व को परमात्मा के हाथों अपनी इच्छा से सौंप देना।

इस यौगिक साधन का अर्थ शारीरिक कौशल (शक्ति), बौद्धिक कौशल (युक्ति) और दैवी शक्ति के सामने पूरी तरह से समर्पण (भक्ति) है। इसलिए, क्रियायोग के रूप में इस अष्टांग योग के दायरे में कर्म, ज्ञान और भक्ति आते हैं।

योग का प्रभाव

समाधिभावनार्थः क्लेशतनूकरणार्थश्च ॥ 2 ॥

समाधि—तल्लीनता, गहन ध्यान; भावना—पूरा करने के लिए; अर्थः—

आशय एवं भावना से चिंतन करना; क्लेश—वेदना; तनूकरणार्थ:—पतला करने, घटाने, क्षीण, बारीक, दुर्बल, कमजोर बनाने के उद्देश्य से; च—और दोनों।

इस अष्टांग योग का उद्देश्य पूर्ण ध्यान की उत्पत्ति है। इसमें ऐसी भी शक्ति है कि क्लेशों को अगर वह पूरी तरह से खत्म न भी कर पाए तो उन्हें दुर्बल अवश्य कर देता है।

इस सूत्र के दायरे में समग्र रूप में अष्टांग योग; अर्थात् यम, नियम, आसन, प्राणायाम, प्रत्याहार, धारणा, ध्यान एवं समाधि आते हैं। यम और नियम के दायरे में कर्म मार्ग; आसन, प्राणायाम और प्रत्याहार के दायरे में ज्ञान मार्ग आते हैं; जबकि धारणा, ध्यान और समाधि के दायरे में भक्ति मार्ग आते हैं।

क्लेश

अविद्यास्मितारागद्वेषाभिनिवेशाः क्लेशाः ॥ 3 ॥

अविद्या—आध्यात्मिक ज्ञान की कमी, आध्यात्मिक अनभिज्ञता; अस्मिता—घमंड, अहंकार; राग—इच्छा, मोह; द्वेष—घृणा, नापसंदगी, शत्रुता; अभिनिवेश:—जीवन से प्रेम, मृत्यु से भय; क्लेशाः—वेदना, पीड़ा, कष्ट।

ये क्लेश हैं—(क) अज्ञानता या आध्यात्मिक रूप से निद्रावस्था में होना, (ख) घमंड या अहंकार, (ग) इच्छा या मोह, (घ) द्वेष, घृणा, नापसंदगी, वैर-भाव या वैमनस्य और (ङ) जीवन से चिपके रहना या मृत्यु से भय।

क्लेश के स्तर

अविद्या क्षेत्रमुत्तरेषां प्रसुप्ततनुविच्छिन्नोदाराणाम्॥ 4 ॥

अविद्या—ज्ञान की कमी, अज्ञानता; क्षेत्रम्—क्षेत्र, उपजाऊ भूमि; उत्तरेषाम्— जिसका अनुसरण किया जाए, उत्तरगामी; प्रसुप्त—निष्क्रिय; तनु—पतला, क्षीण; विच्छिन्न—बाधित; उदाराणाम्—पूर्ण सक्रिय।

इन क्लेशों को तीन पहलुओं में वर्गीकृत किया जा सकता है—बौद्धिक, भावनात्मक और स्वाभाविक। अगर अविद्या और अस्मिता बौद्धिक कमियाँ हैं; मोह और द्वेष भावनात्मक दोष हैं तो जीवन से चिपके रहना या मृत्यु से भय महसूस करना (अभिनिवेश) स्वाभाविक (संस्कार ज्ञान) हैं।

अज्ञान या अविद्या का अर्थ सही समझ की आवश्यकता है। यह अन्य चार क्लेशों की जड़ या रीढ़ है, जो प्रसुप्त, दुर्बल, अनिरंतर या पूर्ण सक्रिय अवस्था में प्रकट होती हैं।

अनित्याशुचिदुःखानात्मसु नित्यशुचिसुखात्मख्यातिरविद्या ॥ 5 ॥

अनित्य—जो शाश्वत नहीं है, चिरकालिक; आशुचि—शुद्ध; दुःख—कष्ट, तकलीफ; अनात्मसु—जो आध्यात्मिक नहीं है, दैहिक; नित्य—शाश्वत, निरंतर; शुचि—शुद्ध; सुख—सुखी, प्रसन्नता; आत्मा—आत्मा; ख्याति—विचार, तर्क; अविद्या—अज्ञानता।

अज्ञानता और अविद्या कुछ और नहीं बल्कि उस अनात्मा को आत्मा, अशुद्ध को शुद्ध, कष्ट को सुख और अस्थायी को स्थायी समझ लेने की भूल है। संक्षेप में, अविद्या का अर्थ है—गलत आकलन या उचित आकलन का अभाव।

अहंकार क्या है?

दृग्दर्शनशक्त्योरेकात्मतेवास्मिता ॥ 6 ॥

दृक्—कल्पना की शक्ति; दर्शन—देखने की, समझने की क्षमता; शक्तयोः—क्षमता; एकात्मा—एक समान प्रकृति; एव—मानो; अस्मिता—अहंकार।

परम पुरुष को देखे जानेवाले (यानी मैं और मेरा) के रूप में समझना कुछ और नहीं बल्कि अहंकार और घमंड करना है। वास्तविक अहं को

किसी और रूप में देखना ही गर्व और अहंकार है।

'मैं और मेरा' औसत बुद्धिवाले की पहचान कराते हैं। बुद्धिमान पुरुष 'मैं और मेरा' के स्थान पर उस पर ध्यानपूर्वक विचार करते हैं, जो मैं और मेरा को बढ़ावा देता है या भड़काता है।

अनुराग क्या है?

सुखानुशयी रागः ॥ 7 ॥

सुख—प्रसन्नता, खुशी; अनुशयी—निकट संबंध, उसके बाद; रागः—प्रेम, लगाव।

सुखों में डूबा रहनेवाला उसके बाद और भी इच्छाओं और अनुराग के प्रति आकर्षित हो जाता है।

दुर्भावना या घृणा क्या है?

दुःखानुशयी द्वेषः ॥ 8 ॥

दुःख—अप्रिय, शोकमय, अप्रसन्नता; अनुशयी—उसके बाद; द्वेषः—वह, जिससे घृणा की जाए, विरक्ति।

अप्रिय लगने की भावना या अप्रसन्नता से घृणा और विरक्ति का भाव उत्पन्न होता है।

मृत्यु का भय

स्वरसवाही विदुषोऽपि तथा रूढोऽभिनिवेशः ॥ 9 ॥

स्वरसवाही—जीवन से प्रेम या किसी के अंदर जीने की इच्छा का सार; विदुषः—एक बुद्धिमान व्यक्ति, एक विद्वान्; अपि—भी; तथा—वह भी; आरूढः—सवार होना, आगे बढ़ चुका; अभिनिवेशः—लगाव की इच्छा, जीवन से लगाव।

सबसे गूढ़तम से भी गूढ़ भय अपने जीवन या उसके छिन जाने का भय होता है। मृत्यु के इस भय से विद्वान् पुरुष भी मुक्त नहीं हैं; क्योंकि वह भय, जो सभी में समान रूप से व्याप्त होता है, वह उनमें भी होता है।

मनोव्यथाओं को दूर करने के उपाय

ते प्रतिप्रसवहेयाः सूक्ष्माः ॥ 10 ॥

ते—ये; प्रति—विरोध में, खिलाफ; प्रसव—प्रजनन, जनन; हेयाः—त्याग देना, छोड़ देना, अलग रहना; सूक्ष्माः—सूक्ष्म, कोमल।

ऐसी मनोव्यथा बहुत अधिक या गूढ़ या संवेदी हो सकती है। मन, बुद्धि और चेतना को विभेद करनेवाली शक्ति से इन मनोव्यथाओं के स्रोत को जाना जा सकता है। उन्हें जान लेने के बाद दूर भी किया जा सकता है।

ध्यानहेयास्तद्वृत्तयः ॥ 11 ॥

ध्यान—चिंतन, ध्यान देना, विचार करना; हेयाः—जड़ से उखाड़ देना, शांत कर देना; तद्—उनका; वृत्तयः—परिवर्तन, गतिविधियाँ।

अपने अंदर ध्यान लगाना ही वह प्रभावी साधन है, जिसकी सहायता से उन्हें जड़ से मिटाया जा सकता है।

यद्यपि पतंजलि के अनुसार— साधना की विधियाँ ही इनका उपाय हैं, फिर भी इनका नकारात्मक प्रभाव भी हो सकता है। उन उच्च विचारों पर ध्यान लगाने की अपेक्षा यदि कोई अपनी व्यथाओं पर चिंतन-मनन शुरू कर दे और इन पर भी मंथन करता रहे तो वह मनोविकृति का शिकार हो सकता है, जिससे उसका दिमागी संतुलन बिगड़ने की आशंका बढ़ जाती है।

कर्म की कार्यशैली

क्लेशमूलः कर्माशयो दृष्टादृष्टजन्मवेदनीयः ॥ 12 ॥

क्लेश—कष्ट, दुःख; मूलः—जड़, स्रोत; कर्म—कार्य, कर्म; आशयः—आश्रय, स्थल, निवास; दृष्ट—दृश्य, दिखनेवाला; आदृष्ट—न दिखनेवाला, अदृश्य; जन्म—पैदा होना; वेदनीयः—जिसे जानना है, जिसका अनुभव करना है।

अतीत में किए गए कर्म हमारे जीवन पर उसी प्रकार अच्छे या बुरे की छाप छोड़ते हैं, जिस प्रकार हमारे बैंक खाते में बचत या बिना चुकाया गया ऋण बढ़ता जाता है। हमें वर्तमान के साथ-साथ भविष्य के जीवन में भी इस हिसाब-किताब का ध्यान रखना होगा।

सति मूले तद्विपाको जात्यायुर्भोगाः ॥ 13 ॥

सति—अस्तित्व, जीवित होना; मूले—जड़; तद्—इसका; विपाकः—फल; जाति—श्रेणी, वर्ग; आयु—जीवनकाल; भोगाः—अनुभव करना।

जब तक गुण और अवगुण हमारे विचार और कर्म से जड़ से समाप्त नहीं हो जाते, तब तक वे हमारे जीवन के प्रमुख पहलुओं को तय करते रहते हैं; जैसे—(क) जन्म से हमारी स्थिति की गुणवत्ता, (ख) हमारे जीवन की लंबाई या अवधि तथा (ग) जीवन में हमें किस प्रकार की चुनौतियों का सामना करना पड़ेगा।

ते ह्लादपरितापफलाः पुण्यापुण्यहेतुत्वात् ॥ 14 ॥

ते—वे; ह्लाद—प्रिय, प्रसन्नचित्त; परिताप—कष्ट, चिंता, शोक; फलः—फलाः; पुण्यापुण्य—गुण और अवगुण; हेतुत्वात्—के कारण होनेवाले।

वर्तमान जीवन अच्छे, बुरे या मिश्रित विचारों और कर्मों के फलस्वरूप अस्तित्व में आया है, जिन्हें संक्षेप में कहें तो पिछले जन्मों के अच्छे और बुरे कर्मों की छाप होते हैं।

(सूत्र II.34 भी देखें, जो जन्म-मृत्यु चक्र के प्रमुख कारणों की व्याख्या करता है।)

बुद्धिमान लोग कष्ट और शोक से भरे जीवन का सामना कैसे करते हैं?

परिणामतापसंस्कारदुःखै
र्गुणवृत्तिविरोधाच्च दुःखमेव सर्वं विवेकिनः ॥15॥

परिणाम—परिवर्तन; ताप—ऊष्मा, वेदना, कष्ट, संताप; संस्कार—लक्षण; दुःखैः—अप्रसन्नता, कष्ट; गुण—विशेषताएँ; वृत्ति—उतार-चढ़ाव; विरोधात्—के कारण, रुकावट, नियंत्रण; च—और; दुःखम्—कष्ट, शोक; एव—निश्चित रूप से; सर्वं—सभी, संपूर्ण; विवेकिनः—विवेकपूर्ण व्यक्ति, प्रबुद्ध।

बुद्धिमान मनुष्य यह जान लेता है कि सुख देनेवाले अनुभवों के पीछे कष्ट छिपा है और वह यह भी जानता है कि जिस प्रकार सुख के पीछे दुःख छिपा है, उसी प्रकार दुःख के पीछे सुख छिपा होता है, जिनका स्रोत प्रकृति के अनेक गुणों का मिश्रण होता है, जो वास्तव में ज्ञान के प्रकाश (सत्त्व), मन की शक्ति की जीवंतता या सक्रियता (रज) तथा जड़ता या स्थूलता (तम) होते हैं। इस कारण बुद्धिमान पुरुष सावधान रहते हैं और अच्छे व बुरे के प्रति उदासीनता का भाव रखते हैं।

कष्ट और शोक से बचने का मूलमंत्र

हेयं दुःखमनागतम्॥ 16॥

हेयं—जिससे बचना है, जिसे रोकना है; दुःखम्—शोक; अनागतम्—जो अब तक नहीं आया है।

यदि हम पवित्र ग्रंथों का अध्ययन करें और ध्यानपूर्वक उनका पालन करें तो हम उन दुःखों, कष्टों और परेशानियों को दूर कर सकते हैं।

इस सुधार के कार्य से हम न केवल अपने आपको भौतिक उतार-

चढ़ावों और मानसिक उथल-पुथल से मुक्त कर सकते हैं, बल्कि भविष्य में आनेवाले दुःखों से भी अपना बचाव कर सकते हैं।

दुःख और शोक का कारण

द्रष्टृदृश्ययोः संयोगो हेयहेतुः ॥ 17 ॥

द्रष्ट—पुरुष, आत्मा; दृश्ययोः—दिखनेवाला, ज्ञात; संयोगः—मिलना, जुड़ना; हेयः—जिससे बचना चाहिए; हेतुः—कारण, आधार।

कष्ट और शोक दृश्य वस्तुओं से स्वयं को गलत तरीके से जोड़ लेने के कारण उत्पन्न होते हैं और उनसे मुक्ति अपने आपको उनसे दूर करने से प्राप्त होती है।

वे सभी, जो जन्म लेते हैं, उनकी मृत्यु निश्चित है। यही प्रकृति का नियम है।

अवांछित संयोग इसी प्रकार कार्य करता है। हमारी मूल पहचान शाश्वत आत्मा है। यह आत्मा वह नहीं, जिसे हम सामान्य रूप से 'मैं' कहते हैं। हम जब कहते हैं— मैंने परीक्षा उत्तीर्ण कर ली, तो हम यह मान लेते हैं या कम-से-कम इसके अस्तित्व का अनुमान यह देखकर लगा सकते हैं कि हम जिस 'मैं' को जानते हैं, उसका एक साक्षी है। एक मैं होता है और एक दूसरा होता है, जो इस 'मैं' को जानता है। क्या यह वही 'मैं' है या दूसरा, एक मौन साक्षी, जैसाकि यह पहले था? यदि यहाँ दो भिन्न पहचान हैं तो पतंजलि कहते हैं कि आप यह जान सकते हैं कि दोनों को एक कैसे किया जाए।

वह 'मैं', जो परीक्षा को 'मेरी परीक्षा' कहता है, उससे प्रकृति के तत्त्व में एक अत्यंत सूक्ष्म परिवर्तन का पता चलता है।

इन दो पहचानों के अतिरिक्त एक प्रकट प्रकृति है, जहाँ विषय, वस्तु और घटनाएँ होती हैं; जैसे— मैंने परीक्षा उत्तीर्ण कर ली, मैं

परीक्षा में विफल हुआ। यद्यपि एक सुखदायी है और दूसरा इसके विपरीत, फिर भी यह एक-दूसरे के प्रति क्षमतावान् होते हैं। 'मैं' जो परीक्षा से गुजरता है, वह प्रकृति का सूक्ष्म अंश होता है। यह हमारी आंतरिक छाप और बाहरी साक्षी के समान नहीं होता है।

यह साक्षी भिन्न होता है और पतंजलि के अनुसार, इसे इसी प्रकार देखना चाहिए। अन्यथा वह परीक्षा उत्तीर्ण करने के क्रम में इस जगत् की सारी समस्याओं में उलझ जाता है।

पतंजलि कहते हैं कि आत्मा सत्य है और शाश्वत अहम् है। यह अहम् अत्यंत बहुमूल्य होता है, इसलिए इसे अलग रखो।

यदि तुम दो 'मैं' या स्वयं की पहचान के बीच के संबंध को जानना चाहते हो तो अपनी परीक्षा उत्तीर्ण करने के लिए गलत रास्ते को अपनाओ। तुम्हारे मन में उत्पन्न कष्ट या अपराध-बोध आगे चलकर तुम्हें पश्चात्ताप कराएगा। मन साक्षी और मैं/मेरा के बीच संबंध जोड़ता है। साक्षी कभी झूठ नहीं बोलता, साथ ही वह कर्म नहीं करता; जबकि मैं कर सकता है और करता भी है। अपने अंदर जो कष्ट का अनुभव करता है, वह साक्षी होता है, जो अपने आपको अलग रखता है और कहता है— मैं इसका हिस्सा नहीं बनना चाहता हूँ। साक्षी तथा 'मैं' की अलग-अलग पहचान साक्षी और 'मैं' के बीच भेद की सुधार प्रक्रिया का कार्य करती है।

प्रकृति सिक्के के दो पहलुओं के समान कार्य करती है

प्रकाशक्रियास्थितिशीलं भूतेन्द्रियात्मकं भोगापवर्गार्थं दृश्यम्॥ 18॥

प्रकाश—चमक, उजाला, स्पष्टता; क्रिया—कार्य, पड़ताल; स्थिति—अस्तित्व; शीलं—गुण; भूतं—तत्त्व; इंद्रिय—ग्यारह इंद्रियाँ, धारणा की पाँच इंद्रियाँ, कर्म के पाँच अंग और धारणा की इंद्रियों के निकट वह मन; आत्मकं—किसी जीव की प्रकृति; भोग—सुख भोगना; अवर्ग—मुक्ति, उद्धार; अर्थ—

उद्देश्य; दृश्यम्—जानने, देखने योग्य।

जानने योग्य जगत् में तीन गुण हैं—(क) स्पष्टता और आलोक या बुद्धि का प्रकाश तथा वीर्य, (ख) गतिजन्य ऊर्जा (जिसके अध्ययन से बहुत कुछ सीखना शेष है) और (ग) जड़त्व, घनत्व, स्थितिज ऊर्जा। प्रकृति अपने तत्त्वों से धारणा की इंद्रियों और कर्म के अंगों से जब विकसित होती है, तब उनमें ये गुण समाहित हो जाते हैं। वे गुण ज्ञात अहम् (मैं हूँ) के साथ ही मन में भी सदैव विद्यमान रहते हैं। यह सर्वोच्च इंद्रिय के समान है, जो बाह्य जगत् को आंतरिक जगत् से जोड़ती है और यह निश्चित करती है कि कोई व्यक्ति जीवन के सुखों को भोग का साधन बनाता है या उसकी प्रेरणा से मुक्ति की ओर बढ़ता है।

प्रकृति और इसके सिद्धांत

विशेषाविशेषलिङ्गमात्रालिङ्गानि गुणपर्वाणि॥ 19॥

विशेष—विभेद करनेवाला, चिह्न; अविशेष—अनिश्चित दशा; लिंगमात्र—सांसारिक ज्ञान (महत्), घटना संबंधी; आलिंगानि—बिना पहचान, तात्त्विक; गुणपर्वाणि—गुणों में परिवर्तन।

प्रकृति निराकार साँचे से उत्पन्न होती है। विकसित होने के साथ ही यह जब दृश्य और जगत् के स्पष्ट रूप में आती है, तब इसके तत्त्व धीरे-धीरे अधिक विशेष और विशिष्ट हो जाते हैं। और यह तब तक जारी रहता है, जब तक कि रेत के दो कणों के समान पूर्ण और भिन्न रूप नहीं ले लेता, जो कभी एक-दूसरे के समान नहीं होते हैं। यहाँ यह याद रखना चाहिए कि विकास से पहले सबकी परिकल्पना बीज रूप में होती है। किसी वृक्ष का ही उदाहरण लीजिए। जिस प्रकार बीज से ही उसके तने का विकास होता है, उसी प्रकार बीज में वृक्ष के अन्य अंगों को विकसित करने की क्षमता होती है।

यदि बीज सर्वोच्च शक्ति या ईश्वर है तो बीज का बाहरी हिस्सा मूल प्रकृति है, जिसमें कुछ भी तात्त्विक नहीं होता है।

सांसारिक चेतना के चिह्न रूप जड़ों में बीज का विकास होता है। इससे ही तने और डालियों का विकास होता है, जो डालियों, पत्तियों, छाल, फूलों और फलों का रूप लेते हैं।

वह योगी, जो स्वयं को जानना चाहता है, वह बस इसी प्रकृति की परतों के माध्यम से अपने मूल तक विकास पथ की ओर जाने का प्रयास करता है।

योग के आठ पहलुओं—यम, नियम, आसन, प्राणायाम, प्रत्याहार, ध्यान, धारणा और समाधि की तुलना एक वृक्ष से की जा रही है।

जड़ यम होता है, तना नियम और डालियाँ आसन होती हैं। पत्तियाँ प्राणायाम के रूप में डालियों, तने और वृक्ष की जड़ों तक वायु का संचार करती हैं; जबकि प्रत्याहार रूपी छाल वृक्ष की रक्षा करता है। धारणा रस में घुली होती है, जबकि फूलों से ध्यान और फल से समाधि की अभिव्यक्ति होती है। जिस प्रकार व्यक्ति रसदार फलों के रूप में वृक्ष के गुणों का अनुभव करता है, उसी प्रकार वह समाधि में असीम कृपा का अनुभव करता है।

प्रकृति की उत्पत्ति

ईश्वर या सार्वभौमिक आत्मा बीज है और उसकी बाहरी परत प्रकृति है। प्रकृति तात्त्विक (अलिंग) है। यह अविकसित तत्त्व की अवस्था में रहती है। यदि सार्वभौमिक आत्मा व्यक्तिगत अहं का रूप ले लेती है तो उसे पुरुष या जीव का मूल कहते हैं। यदि पुरुष या अहं अदृश्य आंतरिक परत है या शरीर का बीज है तो इसकी बाहरी परत शरीर है।

सांसारिक ज्ञान या महत् प्रकृति का पहला प्रमुख सिद्धांत है। यही सांसारिक ज्ञान या महत् प्रकृति को जन्म देता है और प्रकृति के गुणों से इसे कार्यशील बनाता है। यह सांसारिक ज्ञान लिंग या चिह्न के रूप में प्रकट होता है; जबकि महत् से संपर्क न होने के कारण प्रकृति चिह्न-रहित (अलिंग) रहती है।

वही सांसारिक ज्ञान जब एक व्यक्ति का रूप ले लेता है, तब वह व्यक्तिगत चेतना या चित्त बन जाती है। चित्त के विशेष या अविशेष पहलू होते हैं।

इसी प्रकार, प्रकृति के पाँच तत्त्व उसके विशिष्ट सिद्धांत होते हैं, जिनमें पृथ्वी, जल, अग्नि, वायु और आकाश हैं; जबकि गंध, रस, रूप, स्पर्श और शब्द पाँच तत्त्वों के परा-परमाणु ढाँचे हैं, जो अविशेष और तात्त्विक हैं।

कार्य के अंग या कर्मेंद्रियाँ (हाथ, पैर, वाणी, जननांग और उत्सर्जन) पाँच तत्त्वों (भूतों) से जुड़े रहते हैं; जबकि पाँच ज्ञानेंद्रियाँ (कान, नाक, आँख, जीभ और त्वचा) तत्त्वों के पाँच परा-परमाणु ढाँचे (पंच तन मात्र) से जुड़े रहते हैं।

संवेदी इंद्रियाँ मन को प्रेरित करती हैं और मन अंगों को कार्य करने की प्रेरणा देता है। इंद्रियाँ अंगों से मिलनेवाली सूचना को मन तक पहुँचाती हैं। मन इस सूचना को बुद्धि तक ले जाता है, जो फिर से कार्य करती है।

यदि बुद्धि सही कर्म की ओर कार्य करने की प्रेरणा देती है तो व्यक्ति ज्ञान या मुक्ति की ओर बढ़ जाता है। यदि यह बिना सोचे-समझे गलत संकेत देती है तो व्यक्ति भोग के बीजों में फँस जाता है, जहाँ वह महत्त्वाकांक्षा और इच्छा के कारण जन्म-मृत्यु के चक्र में शामिल हो जाता है।

जगत् में दिखनेवाली चीजें प्रकृति हैं और जीवों का मूल ब्रह्म है। ब्रह्म में दिखनेवाली वस्तुओं से अलग देखने की शक्ति होती है।

पुरुष और प्रकृति इसी प्रकार कार्य करते हैं।

आत्मा की प्रकृति

द्रष्टा दृशिमात्रः शुद्धोऽपि प्रत्ययानुपश्यः ॥ 20 ॥

द्रष्टा—ब्रह्म, वह जो देख सकता है; दृशिमात्रः—मात्र ज्ञान; शुद्ध—शुद्ध; अपि—के बाद भी; प्रत्यय—आलंबन, पहचान; अनुपश्यः—वह जो देखता है, पहचान के विचार।

आत्मा या ब्रह्म जीव का मूल होता है, जो शुद्ध रहता है। वह चेतना का सहारा लिये बिना प्रकृति को देखता है। चेतना उस पर परदा डाल देती है, जिससे कि आत्मा अपनी पहचान खो देता है।

प्रकृति और आत्मा का सह-अस्तित्व क्यों?

तदर्थ एव दृश्यस्याऽत्मा ॥ 21 ॥

तदर्थ—उस उद्देश्य के लिए, उस लक्ष्य के लिए; एव—केवल; दृश्य—देखे जानेवाले के विषय में, प्रकृति; आत्मा—ब्रह्म, देखनेवाला।

चेतना से लेकर इंद्रियों तक प्रकृति के गुण आत्मा को अपनी वास्तविक पहचान कराने में सहायक होते हैं। इस जगत् की वस्तुएँ इस कारण हैं, ताकि आत्मा अपनी वास्तविक पहचान को जाने और समझे।

कृतार्थं प्रति नष्टमप्यनष्टं तदन्यसाधारणत्वात् ॥ 22 ॥

कृतार्थं—उस उद्देश्य के लिए; प्रति—अकेले; नष्टं—नष्ट, विलीन; अपि—यद्यपि; अनष्टं—जो नष्ट नहीं हुआ; तद—वह; अन्य—दूसरों के लिए, या; साधारणत्वात्—सामान्य बुद्धिवाले लोग, सामान्य जन।

जगत् की वस्तुओं के प्रयोग से आत्मा जब अपनी वास्तविक दशा में आ जाती है तो आत्मा और दिखनेवाली वस्तुओं के बीच का बंधन समाप्त हो जाता है। इस बीच प्रकृति अन्य लोगों का उपहास करती रहती है, क्योंकि वह सांसारिक वस्तुओं के लोभ में फँसे लोगों को उलझाकर रखती है।

प्रकृति से संबंध व्यक्ति को बाँधकर रखता है; लेकिन वह उनकी मदद

भी कर सकता है, जो आत्मा का ज्ञान करने के पथ पर चलते हैं।

स्वस्वामिशक्त्योः स्वरूपोपलब्धिहेतुः संयोगः ॥ 23 ॥

स्व—स्वयं, अपना; स्वामि—मालिक, ब्रह्म; शक्त्योः—प्रकृति और पुरुष की शक्ति; स्वरूप—आकार; उपलब्धि—अनुभव, पहचान; हेतुः—कारण; संयोगः—संबंध, एक होना।

ब्रह्म और अब्रह्म के बीच संबंध का कारण यह है कि आत्मा अपनी वास्तविक प्रकृति को फिर से ढूँढ़े और अपना ध्यान लगाए। यह हो जाने के बाद प्रकृति के नियम व्यक्ति के अधीन हो जाते हैं।

अविद्या असंगति का कारण

तस्य हेतुरविद्या ॥ 24 ॥

तस्य—इसका संबंध; हेतुः—कारण, उद्‌देश्य; अविद्या—अज्ञानता, जागरूकता की कमी।

II.17 के माध्यम से पतंजलि ने हमें पुरुष को दृश्य, प्रकृति की वस्तुओं से दूर रखने को कहा है। पतंजलि बल देते हुए कहते हैं कि हम एक को दूसरा समझने की सबसे बड़ी भूल करते हैं। दोनों के बीच संबंध को सही तरीके से पहचानने की कमी के कारण ही समस्याएँ होती हैं।

विद्या पुरुष और प्रकृति के बीच संतुलन का साधन

तदभावात्संयोगाभावो हानं तद्दृशेः कैवल्यम् ॥ 25 ॥

तद्—इसका; अभावात्—अस्तित्व न होने से, अनुपस्थिति से; संयोगः—संबंध, जुड़ाव; हानं—छोड़ने की क्रिया, हटाना; तद्—वह; दृशेः—पुरुष; कैवल्यम्—पूर्ण मुक्ति, उद्धार।

सही ज्ञान और समझ से अविद्या का नाश हो जाता है और पुरुष तथा जगत् के बीच संबंध कमजोर पड़ जाता है या समाप्त हो जाता है, जिससे

व्यक्ति पूर्ण मुक्ति का अनुभव करता है।

अभ्यास के लिए आवश्यक ध्यान की अवस्था

विवेकख्यातिरविप्लवा हानोपायः ॥ 26 ॥

विवेकख्याति—वस्तुओं के बीच भेद का ज्ञान करानेवाला, ज्ञान का अनुभव; अविप्लवा—शांत, अविचलित; हानोपायः—दूर करने के साधन।

मुक्ति और उद्धार का अनुभव करने के लिए व्यक्ति को ज्ञान के सही प्रयोग से ध्यान के अविचलित और निर्बाध प्रवाह को बनाए रखना पड़ता है।

ध्यानपूर्ण ज्ञान के सात पहलू

तस्य सप्तधा प्रान्तभूमिः प्रज्ञा ॥ 27 ॥

तस्य—इसका; सप्तधा—सात स्तरीय, सात दशाएँ; प्रांतभूमिः—क्षेत्र, प्रांत; प्रज्ञा—पूर्ण ज्ञान, जागरूकता।

ध्यानपूर्ण ज्ञान के इस निर्बाध प्रवाह से व्यक्ति को अपनी बुद्धि या चेतना में जागरूकता की सात दशाओं के अंतर्ज्ञान का अनुभव प्राप्त होता है।

व्यास के अनुसार, प्रज्ञा की सात अवस्थाएँ हैं—

(क) वह, जिसे जानना है, वह ज्ञात है (परिज्ञात प्रज्ञा)।

(ख) वह, जिसे छोड़ना है, उसे छोड़ दिया गया है (हेयक्षीण प्रज्ञा)।

(ग) वह जिसे प्राप्त करना है, उसे प्राप्त कर लिया गया है (प्राप्त प्राप्ति प्रज्ञा)।

(घ) वह जिसे करना है, वह किया जा चुका है (कार्य शुद्धि प्रज्ञा)।

(ङ) वह जहाँ पहुँचना है, पहुँचा जा चुका है (चरिताधिकार प्रज्ञा)।

(च) विचार और कर्मों को उत्पन्न करनेवाले प्रकृति के गुण पुनः

अविकसित तत्त्वों का रूप ले लेते हैं, जिससे कि पुरुष गुणों से ऊपर उठकर उसका स्वामी बन जाता है (गुणातीत प्रज्ञा)।

(छ) अपने ही पूर्ण आलोक में आ जाना (स्वरूपमात्र ज्योतिप्रज्ञा)।

पतंजलि चेतना की जागरूकता की सात अवस्थाओं के विषय में बताते हैं—

(क) भ्रमणशील या उत्पन्न होनेवाली चेतना (व्युत्थानचित्त)।

(ख) चेतना का निरोध (निरोधचित्त)।

(ग) व्यक्तिगत चेतना (निर्माण या अस्मिता चित्त)।

(घ) प्रशांत चित्त।

(ङ) एकाग्र चित्त।

(च) विभक्त या दोषपूर्ण चित्त (छिद्र चित्त)।

(छ) शुद्ध, दिव्य चित्त।

चूँकि मैं धरती से जुड़ा हूँ, इस कारण मेरे लिए ज्ञान की सात अवस्थाएँ हैं—

(क) शरीर का ज्ञान (शरीर प्रज्ञा)।

(ख) ऊर्जा का ज्ञान (प्राण प्रज्ञा)।

(ग) बाहरी तथा अंतर्मन का ज्ञान (मनोप्रज्ञा)।

(घ) स्थिरता या बुद्धि की स्पष्टता (विज्ञान प्रज्ञा)।

(ङ) अनुभव से प्राप्त बुद्धि का ज्ञान (अनुभविका प्रज्ञा)।

(च) अनुभवों के शुद्ध सार से यानी रसात्मक या ऋतंभरा प्रज्ञा से व्यक्ति परिपक्व चेतना की विशुद्ध अवस्था का अनुभव करता है (परिपक्व चित्त प्रज्ञा)।

(छ) और अंत में आत्मा या पुरुष की स्थापना (आत्मप्रज्ञा)।

अष्टांग योग का प्रभाव

योगाङ्गानुष्ठानादशुद्धिक्षये ज्ञानदीप्तिराविवेकख्यातेः ॥ 28 ॥

योग—जोड़ना, एक करना; अंग—अंग, साधन, पहलू; अनुष्ठानात्—समर्पित अभ्यास से; अशुद्धि—विसंगतियाँ; क्षय—नष्ट होना; ज्ञानम्—ज्ञान; दीप्तिः—चमकता है; अविवेकख्यातेः—ज्ञान की आभा।

योग के आठ पहलुओं या पदों के समर्पित और भक्तिपूर्ण अभ्यास से न केवल शरीर, वाणी और मन (त्रिकर्ण शुद्ध) की विसंगतियाँ दूर हो जाती हैं, बल्कि उन्हें नष्ट कर बुद्धि की आभा को भी एक नया गौरव प्राप्त होता है।

अष्टांग योग : योग के आठ अंग

यमनियमासनप्राणायामप्रत्याहार
धारणाध्यानसमाधयोऽष्टावङ्गानि ॥ 29 ॥

यम—आत्म-नियंत्रण; नियम—निश्चित पालन; आसन—शरीर की अवस्था; प्राणायाम—श्‍वास पर नियंत्रण; प्रत्याहार—इंद्रियों पर नियंत्रण; धारणा—ध्यान लगाने की क्रिया, मन को एकाग्र रखना; ध्यान—साधना, चिंतन; समाधयाः—साथ लाना, गूढ़; अष्टौ—आठ; अंगानि—शरीर के विभिन्न अंग।

योग के आठ अंग हैं—(1) वर्जित कार्य न करें; इसका अर्थ है—हिंसा के स्थान पर अहिंसा, छल के स्थान पर सत्यवादिता, अस्तेय, स्वच्छंदता के स्थान पर नियम और लोभ के स्थान पर संतुष्टि (यम)। (2) इनके अतिरिक्त व्यक्ति को अनुशासन का पालन करना पड़ता है, यानी आवश्यक कार्य ही करें; जैसे—अंदर और बाहर की स्वच्छता, संतुष्टि, सुविचार, अध्ययन, जिससे चरित्र और आचरण का निर्माण हो (नियम)। (3) शरीर शुद्ध करने की अवस्थाएँ (आसन)। (4) ऊर्जा के संरक्षण के लिए श्‍वास पर नियंत्रण (प्राणायाम)। (5) इंद्रियों को उनके स्रोत की ओर मोड़ देना (प्रत्याहार)।

(6) केंद्रित ध्यान (धारणा)। (7) चिंतन (ध्यान) और (8) गहन साधना या पूर्ण चिंतन (समाधि)।

इस अध्याय में जिन पहले पाँच पहलुओं या अंगों की चर्चा की गई है, वे बाहरी पड़ताल के प्रयास (बहिरंग शोधन साधना) के अंग हैं। प्रत्याहार बहिरंग और अंतरंग के बीच की परिवर्तनशील अवस्था है। यह साधना के आंतरिक और बाहरी प्रयासों से संबंधित होती है। धारणा और ध्यान अंतरंग विश्लेषण साधना के अंतर्गत आते हैं। अंतिम अंग, यानी समाधि वह अंतरात्म साधना है, जो पुरुष को अपने वास्तविक स्थान पर स्व-आत्म-आराम की अवस्था में ले जाती है।

मनुष्य के आस-पास ही अष्टांग योग का आरंभ होता है

यम : कर्मेंद्रियों की शुद्धता

अहिंसासत्यास्तेय ब्रह्मचर्यापरिग्रहाः यमाः ॥ 30 ॥

अहिंसा—हिंसा न करना; सत्य—सत्यवादी; अस्तेय—चोरी न करना, गलत तरीके से इकट्ठा न करना; ब्रह्मचर्य—संयम; अपरिग्रह—उपहार स्वीकार न करना; यमाः—आत्मनियंत्रण।

यम का संबंध भौतिक या सैद्धांतिक अभ्यासों से है, जो (1) अहिंसा, (2) सत्य, (3) अस्तेय या दूसरों का धन न हड़पना, (4) इंद्रियों पर नियंत्रण, (5) लोभ न करने के रूप में होता है। मनुष्य के अंदर हिंसा या क्रोध करने, सच न बोलने, किसी के विश्वास को तोड़ने, अधिकाधिक सुख भोगने की जन्मजात प्रवृत्ति होती है। इस कारण पतंजलि योग के माध्यम से जीवन की कला के पहले चरण के रूप में कर्म के अंगों (यम) पर नियंत्रण और आत्मनियंत्रण की सलाह देते हैं।

मृत्यु के देवता को यम कहते हैं। मुझे लगता है कि पतंजलि 'यम' शब्द के प्रयोग का अर्थ इस रूप में लगाते हैं कि यदि पाँच नैतिक नियमों का पालन नहीं किया गया तो पुरुष का अंत हो सकता है। इसलिए वह साधकों को इन पाँच सिद्धांतों की शिक्षा देते हैं, जिससे कि वे कर्म के अंगों को नियंत्रित रखकर उन असैद्धांतिक जन्मजात मन को पुरुष की पवित्रता को भंग करने और चेतना को उनके जाल में फँसने से रोक सकें।

जातिदेशकालसमयानवच्छिन्नाः सार्वभौमाः महाव्रतम् ॥ 31 ॥

जाति—जन्म का वर्ग, श्रेणी, वंश; देश—स्थान; काल—समय; समय—स्थिति, परिस्थिति; अनवच्छिन्नाः—असीमित, अबाधित; सार्वभौमाः—संपूर्ण जगत् से संबंधित, सार्वभौमिक; महाव्रतम्—सबसे बड़ा प्रण।

ये नैतिक या आचार संबंधी सिद्धांत ऐसे महाप्रण हैं, जो जाति, देश, काल, समय, स्थिति या व्यवसाय से बँधे नहीं होते हैं।

मैं समझता हूँ कि इन नैतिक नियमों का पालन योग के चार वर्णों यानी ब्राह्मण, क्षत्रिय, वैश्य और शूद्र के कर्तव्यों में जीवन की कला के प्रथम चरण में किया जाना चाहिए। वर्णों का विभाजन किसी व्यक्ति की सोच या व्यवसाय से किया जाता है। उदाहरण के लिए, पांडवों और कौरवों के गुरु द्रोण जन्म से एक ब्राह्मण थे, किंतु व्यवहार से एक क्षत्रिय थे (सैन्य कौशल के साथ सैनिकों जैसा मन)।

नियम : ज्ञान की इंद्रियों की शुद्धि (ज्ञानेंद्रिय शुद्धि)

शौचसंतोषतपःस्वाध्यायेश्वरप्रणिधानानि नियमाः ॥ 32 ॥

शौच—स्वच्छता; संतोष—संतुष्टि; तपः—धार्मिक उत्साह, तीव्र इच्छा; स्वाध्याय—वह अध्ययन, जो आत्मा का ज्ञान कराता है; ईश्वर प्रणिधानानि—

ईश्वर के प्रति समर्पण; नियमाः—स्थापित नियमों का पालन।

इनकी प्राप्ति (1) स्वच्छता, (2) संतुष्टि, (3) धार्मिक उत्साह या यथोचित साधना में तीव्र इच्छा, (4) धर्मग्रंथों के अध्ययन या पुरुष से शरीर तक यौगिक से शरीर तक और शरीर से पुरुष तक (जिसमें चेतना, वह, मैं, बुद्धि, मन, इंद्रियाँ और कर्मेंद्रियाँ शामिल होती हैं) के द्वारा की जाती है। इस प्रकार, इन दस इंद्रियों के बीच शांति और संतुलन स्थापित किया जाता है। अंत में, (5) कर्म से प्राप्त फल को ईश्वर के प्रति समर्पित कर देना, जिससे कि 'मैं' पर विजय प्राप्त कर पुरुष का प्रत्यक्ष अनुभव किया जा सके।

अविद्या के कारणों को जानने के उपाय

वितर्कबाधने प्रतिपक्षभावनम्॥ 33॥

वितर्क—आपत्तिजनक या संदिग्ध विषय, शंका; बाधने—कष्ट, रुकावट, बाधा; प्रतिपक्ष—विपरीत पक्ष; भावनम्—भावना।

ऐसी धारणाएँ और कर्म, जिनके कारण दुःख, कष्ट और वेदना की प्राप्ति होती है, उनपर पुनर्विचार करना चाहिए तथा कष्ट और दुःख को सुख और आशा में परिवर्तित करने के लिए सही विचार और सही कर्म का पालन किया जाना चाहिए। इसके लिए सही निर्णय तक पहुँचने के लिए अच्छे और बुरे की तुलना का विश्लेषण बुद्धि के प्रयोग से संभव है।

वितर्का हिंसादयः कृतकारितानुमोदिता लोभक्रोधमोहपूर्वका मृदुमध्या पधिमात्रा दुःखाज्ञानानन्तफला इति प्रतिपक्षभावनम्॥ 34॥

(इस सूत्र को अध्याय II.14 में कर्म की कार्यशैली पर सूत्र के संदर्भ में देखें।)

वितर्का—संदिग्ध धारणा; हिंसा—हिंसा से संबंधित; आदयः—उसके बाद; कृत—किया गया; कारित—कार्य का कारण; अनुमोदिता—बढ़ावा देना; लोभ—इच्छा, लालच; क्रोध—गुस्सा; मोह—माया, आकर्षण; पूर्वका—के

कारण; मृदु— कोमल; मध्य—हलका; अधिमात्रा—गहन; दु:ख—कष्ट, तकलीफ; अज्ञान—अनभिज्ञता; अनंत—अंतहीन; फला—परिणाम; इति—इस प्रकार; प्रतिपक्ष—विपरीत विचार; भावनम्—भावना।

भ्रामक धारणा और विचारों के कारण कोई भी व्यक्ति इन सब तरीकों से स्वार्थ के वशीभूत होकर कार्य के लिए प्रेरित होता है। इनके लिए लोभ या स्वार्थ से प्रेरित इच्छाएँ, खीज, क्रोध आकर्षण, घमंड और मोह जिम्मेदार होते हैं। इस प्रकार के विचार और कर्म कोमल, मध्यम या तीव्र होते हैं, जिनसे कुमति की प्राप्ति होती है। यम और नियम के सिद्धांत के पालन से तथा मन और हृदय में तर्क, स्पष्टता और अच्छाई से इन्हें दूर किया जा सकता है।

यम के फल

अहिंसाप्रतिष्ठायां तत्सन्निधौ वैरत्याग: ॥ 35 ॥

अहिंसा—हिंसा न करना, चोट न पहुँचाना; प्रतिष्ठायां—स्थापित करना; तत्—उसका; सन्निधौ—उपस्थिति, निकटता; वैर—शत्रुता; त्याग:—त्याग देना, छोड़ देना।

वचन, विचार और कर्म में अहिंसा की स्थापना से शत्रुता और वैमनस्य हमें अपने आप छोड़कर चले जाते हैं।

सत्यप्रतिष्ठायां क्रियाफलाश्रयत्वम् ॥ 36 ॥

सत्य—सच; प्रतिष्ठायां—पूरी तरह स्थापित; क्रिया—कर्म; फल:—परिणाम; आश्रयत्वम्—आश्रय, बुनियाद।

सत्यवादिता की पूर्ण स्थापना से बोले गए शब्द शक्तिशाली हो जाते हैं और उनका फल सफल क्रिया के रूप में मिलता है।

अस्तेयप्रतिष्ठायां सर्वरत्नोपस्थानम् ॥ 37 ॥

अस्तेय—चोरी न करना, गलत धन इकट्ठा न करना; प्रतिष्ठायां—पूर्ण

स्थापना; सर्व—सभी; रत्न—बहुमूल्य पत्थर; उपस्थानम्—आनेवाला।

इच्छाओं से विरक्ति और मोह से मुक्ति की स्थापना से रत्नों की प्राप्ति होती है; किंतु उनमें सबसे श्रेष्ठ रत्न परिपक्व बुद्धि होती है।

ब्रह्मचर्यप्रतिष्ठायां वीर्यलाभः ॥ 38 ॥

ब्रह्मचर्य—संयम; प्रतिष्ठायां—पूर्ण रूप से स्थापित; वीर्य—जोश, क्षमता, शौर्य; लाभः—प्राप्त किया गया।

संयम या शुचिता की स्थापना से ज्ञान, उत्साह, शक्ति और शौर्य की प्राप्ति होती है।

अपरिग्रहस्थैर्ये जन्मकथंतासंबोधः ॥ 39 ॥

अपरिग्रह—उपहार स्वीकार न करना; स्थैर्ये—स्थिर; जन्म—जन्म; कथंता—कैसे, किस प्रकार; संबोधः—ज्ञान, भ्रम।

व्यक्ति जब लोभ से मुक्त हो जाता है तो अतीत के जीवन की स्मृतियाँ स्पष्ट हो जाती हैं।

व्यक्ति मोह, इच्छाओं, आकर्षणों आदि से मुक्त हो जाता है तो अतीत स्पष्ट दिखाई देने लगता है।

उदाहरण के लिए, यदि किसी व्यक्ति के विषय में झूठी और भ्रामक बातों का दुष्प्रचार होता है तो यह कहानी सुनानेवाले या दुष्प्रचार करनेवाले व्यक्ति के लिए अगले जन्म का एक बीज बन जाता है।

परिग्रह में अतीत जुड़ा रहता है, जो इस जीवन में कष्ट का कारण बन जाता है।

नियम के फल

शौचात्स्वाङ्गजुगुप्सा परैरसंसर्गः ॥ 40 ॥

शौचात्—स्वच्छता से; स्व—स्वयं; अंग—शरीर; जुगुप्सा—घृणा, विकर्षण; परैः—दूसरों के साथ; असंसर्गः—अलगाव।

स्वच्छता की स्थापना से दूसरों के साथ अलगाव की भावना विशेष रूप से आ जाती है।

सत्त्वशुद्धि सौमनस्यैकाग्रयेन्द्रियजयात्मदर्शन योग्यत्वानि च॥ 41॥

सत्त्वशुद्धि—चित्त की शुद्धता; सौ—प्रसन्न करनेवाला, सुखदायी; मनस्य—मन, मस्तिष्क; ऐकाग्रय—एकाग्रचित्त होकर; इंद्रिय—अनुभव करानेवाली इंद्रियाँ; जय—विजय प्राप्त करना; आत्मा—स्वयं, आत्मा; दर्शन—देखना; योग्यत्वानि—देख पाने की क्षमता; च—और भी।

पाँच कर्मेंद्रियाँ, बोध करानेवाली इंद्रियाँ और मन की शुद्धता से व्यक्ति प्रसन्नता की अवस्था को प्राप्त करता है और उस एकाग्रता को विकसित करता है, जिससे पुरुष को जाना जा सकता है।

संतोषादनुत्तमःसुखलाभः॥ 42॥

संतोषात्—संतोष से; अनुत्तमः—अद्वितीय, अतुलनीय; सुख—प्रसन्नता; लाभः—लाभ-प्राप्ति।

संतुष्टि की स्थापना से सर्वश्रेष्ठ और सर्वोच्च प्रसन्नता की प्राप्ति होती है।

कायेन्द्रियसिद्धिरशुद्धिक्षयात्ततपसः॥ 43॥

काय :—शरीर; इंद्रिय—इंद्रियाँ; सिद्धि—प्राप्ति; अशुद्धि—विसंगतियाँ; क्षयात्—विनाश; तपसः—आत्म-अनुशासन।

पूरे मन से योग को अपनाए जाने से शरीर और इंद्रियों की अशुद्धियाँ नष्ट हो जाती हैं और शुद्धता की प्राप्ति होती है।

स्वाध्यायादिष्टदेवतासंप्रयोगः॥ 44॥

स्वाध्यायात्—जिसके अध्ययन से आत्मा का ज्ञान प्राप्त होता है; इष्टदेवता— जिस देवता से कामना की जाती है; संप्रयोगः—दैवी शक्ति के संपर्क में आना।

धर्मग्रंथों के अध्ययन तथा पुरुष (अंतरात्मा) से शरीर (अंतरात्मा का आवरण) तक और उसकी उलट दिशा में प्रत्यक्ष स्वाध्याय से व्यक्ति अपनी इच्छा के अनुरूप देवता के निकट संपर्क (सामीप्य) में आ जाता है।

समाधिसिद्धिरीश्वरप्रणिधानात्॥ 45॥

समाधि—लीन हो जाना; सिद्धिः—सफलता; ईश्वर—भगवान्; प्रणिधानात्— समर्पित भाव से भक्ति।

ईश्वर के प्रति समर्पण से व्यक्ति आत्मा में या आत्मा में लीन होने से व्यक्ति ईश्वर के प्रति समर्पित हो जाता है।

आसन : शरीर की शुद्धि के लिए

स्थिरसुखमासनम्॥ 46॥

स्थिर—दृढ़, निश्चित; सुखम्—प्रसन्नता; आसनम्—मुद्रा।

पतंजलि बताते हैं कि आसन क्या है? इसे कैसे किया जाना चाहिए? वह कहते हैं कि पवित्रता के भाव से शरीर में संतुलन और शिष्टता, मन में दृढ निश्चय का भाव और बुद्धि में परोपकार आ जाता है।

आसन क्यों करना चाहिए, इसकी व्याख्या पतंजलि ने यहाँ नहीं की है, क्योंकि कारणों पर उन्होंने समाधि पाद के अध्याय 1 के सूत्र 14, 32, 33, 35, साधन पाद के अध्याय 2 के सूत्र 1, 23, 40, 41, 42, 43, 44 और अध्याय 3, विभूति पाद के सूत्र 1 में चर्चा की है।

अध्याय 4, कैवल्य पाद के सूत्र 3 में उन्होंने बताया है कि आसन कैसे किया जाना चाहिए? वहाँ वह कहते हैं कि किसान खेतों में पानी के बहाव को नियंत्रित करने के लिए मेंड़ बनाता है, साथ ही जमीन को इतना पानी सोखने देता है कि हल चलाने में आसानी हो। फिर वह उस मेंड़ को तोड़कर अगले खेत की सिंचाई करता है।

इस प्रकार आसन शरीर की कुड़ाई और सिंचाई के लिए किए जाते हैं, जिससे कि क्लेश और व्याधि के रूप में मौजूद खर-पतवार निकाले जा सकें (देखें, योगसूत्र ढ्ढ.30 और ढ्ढ.31), ताकि यम और नियम के बीज साधना में बोए जा सकें, जिससे शरीर की पवित्रता, मन की स्थिरता और हृदय में परोपकारिता का अनुभव किया जा सके। इस प्रकार, योगाभ्यासी ईश्वर की कृपा से चमकने लगता है।

आसन की विशेषता की तुलना सोने की ईंट से की जा सकती है। यदि एक स्वर्णकार किसी चेन को कंगन का रूप देना चाहता है तो उसे कंगन बनाने का ज्ञान होना चाहिए। जिस प्रकार वह चेन को सीधे कंगन का रूप नहीं दे सकता और वह पहले चेन को पिघलाकर सोना बनाता है, तत्पश्चात् उसे कंगन का रूप देता है, ठीक उसी प्रकार कुम्हार बरतन बनाने के लिए पहले मिट्टी का गोला बनाता है। यदि उसे बरतन को नए रूप में ढालना है तो पहले उसे तोड़कर मिश्रण का रूप देना होगा और फिर से गोला बनाकर नए बरतन का रूप देना होगा।

इसी प्रकार, यदि कोई अपने शरीर को एक आसन से कोई रूप देना चाहता है तो उसे शरीर के अंगों की स्वाभाविक मूल संरचना और कार्यों का ज्ञान होना चाहिए, जिससे कि उन्हें वास्तविक आकार में ढाला जा सके। उसे प्रत्येक आसन की मौलिक संरचना को समझना होगा; क्योंकि प्रत्येक आसन सोने की ईंट से बने किसी नए गहने के समान होता है, जो शरीर का मौलिक ढाँचा होता है। इसका अर्थ यह हुआ कि आसन करते समय शरीर के अंगों और प्रत्यंगों के ढाँचे में किसी प्रकार की विकृति, विरूपण, व्याकुलता या अपवर्तन नहीं होना चाहिए। शरीर का प्रत्येक अंग इस प्रकार अबाधित होना चाहिए, मानो वह अपने स्थापन पर आराम की दशा में है। पतंजलि स्थिरता, सजीवता, सुंदरता और आत्मा के अणुओं से मिलनेवाली संतुष्टि का अर्थ यही बताते हैं।

यदि पतंजलि किसी आसन के गुणों को बताते हैं तो भगवान् कृष्ण, जिन्हें 'योगेश्वर' भी कहा जाता है, बताते हैं कि उन्हें कैसे किया जाता है—

समं कायशिरोग्रीवं धारयन्नचलं स्थिर:

संप्रेक्ष्यनासिकाग्रं स्वं दिशाश्चानवलोकयन॥ 13॥

(भगवद्गीता, अध्याय 6, श्लोक 13)

वह हमें मस्तक की चोटी (सहस्रार) से एक सीधी रेखा को आधार मानकर उसे मूलाधार तक ले जाने की सलाह देते हैं और शरीर के दाएँ व बाएँ हिस्से को उस रेखा के आधार पर इस प्रकार समान रूप से बाँटने को कहते हैं, जिससे कि शरीर का प्रत्येक अंग उस सीधी रेखा के दोनों ओर स्थिर, ठोस और संतुष्टि का अनुभव करा सके।

संतोष और सुख समानार्थी हैं, जिनका अर्थ संतुष्टि, समाधान, हर्ष और उल्लास होता है।

यह भी दिलचस्प है कि पतंजलि आसनों के नाम नहीं बताते हैं; किंतु श्री व्यास 11 आसनों की व्याख्या उनके नामों के साथ करते हैं, जबकि 'हठयोग' की रचना 13 आसनों का वर्णन करती है। योग के ये सभी ग्रंथ मिलकर दावा करते हैं कि कुल मुलाकर 80 लाख से अधिक आसन हैं। व्यास तो अपने योगाभ्यासियों को सहारा लेकर भी आसन करने की सलाह देते हैं और उन्होंने इसके लिए 'सोपाश्रय' यानी 'सहारे के साथ' शब्द का प्रयोग किया है।

यदि कोई अनेक आसनों को करता है तो कुछ लोग उसे हठयोग या शारीरिक योग कहते हैं। वही लोग इन हठ रचनाओं से प्राणायाम की शिक्षा देते हैं और वे कहते हैं कि राजयोग सिखा रहे हैं। पतंजलि आसनों या प्राणायाम के नाम नहीं बताते, लेकिन यह बताते हैं कि उन्हें कितनी गुणवत्ता के साथ किया जाना चाहिए।

इसी प्रकार 'हठयोग' की रचनाओं में स्वच्छता की प्रक्रियाओं का भी वर्णन है। सत्कर्मों को हठयोग मानने की बजाय वह स्वच्छता की प्रक्रिया जैसी व्यंजना का प्रयोग करते हैं। इस कारण साधकों को उन शिक्षकों की बातों को अच्छी तरह समझ-बूझ लेना चाहिए, क्योंकि आसन और प्राणायाम पतंजलि योग के साथ ही हठयोग के भी अंग हैं।

आसनों के फल

प्रयत्नशैथिल्यानन्तसमापत्तिभ्याम्॥ 47॥

प्रयत्न—सतत प्रयास; शैथिल्य—आलस्य, आराम; अनंत—अंतहीन; समापत्तिभ्याम्—मौलिक रूप ग्रहण कर लेना।

जब प्रयास का अंत हो जाता है और यह एक आसान प्रक्रिया में बदल जाता है तो इसका मतलब है कि आसन में शुद्धता प्राप्त कर ली गई है। इसके बाद हमारा शरीर शांत व स्थिर लगने लगता है, जो मन को शरीर से दूर कर अनंत को पाने में मदद करता है। यह अभ्यर्थी को उसके मूल स्वरूप को प्राप्त करने में सहायता देता है, जो इसका मुख्य उद्देश्य और आशय है।

यहाँ मैं पाठकों का ध्यान इस ओर आकर्षित करना चाहूँगा कि पतंजलि समाधि पाद के सूत्र 13 में स्पष्ट रूप से बताते हैं कि अभ्यास में गंभीर प्रयास से ही सफलता मिलती है। यहाँ उन्होंने 'प्रयत्नशैथिल्य' शब्द का प्रयोग किया है, जिसका अर्थ होता है—गंभीर प्रयास का उदासीन प्रयास में परिवर्तित होना, जिसका अर्थ है एक सुविचारित प्रयास का अविचारित प्रयास में बदल जाना। यही सहजता है और यह तब होता है, जब व्यक्ति इन आसनों में क़ुशल बन जाता है और उसके लिए उसे प्रयास नहीं करना पड़ता है।

मन एक होता है, लेकिन यह दोहरा किरदार निभाता है। मन एक कड़ी है, जो बाहरी और अंदर की दुनिया को जोड़ती है। यह एक जनसंपर्क अधिकारी के समान होता है, जो अपने मालिक के साथ-साथ ग्राहकों को भी प्रसन्न करना चाहता है।

योग में मन एक तरफ इंद्रियों को प्रसन्न करता है तो दूसरी तरफ आत्मा को। जब कोई सच्चे मन और गंभीरता से आसनों और प्राणायाम का अभ्यास करता है तो उसे अनुभव होता है कि किस प्रकार इंद्रियाँ मन को बुद्धि, चेतना और ईश्वर की ओर ले जाती हैं। यदि आप इसे इसी प्रकार करते रहें तो महसूस करेंगे कि इंद्रियाँ मन को ज्ञान, चेतना और अंतःकरण की ओर ले जाने लगी हैं। जब यह मन चेतना से दूर जाता है और ईश्वर के समीप जाता है, तब मन अपने आपको एकादशेंद्रिय (ग्यारहवीं इंद्रिय के रूप में, जिसमें कर्म के पाँच अंग और संवेदना की पाँच इंद्रियाँ शामिल हैं)। आंतरिक मन ही मूल मन या स्रोत मन है, क्योंकि वह अपने द्वैध कार्यों को समाप्त कर देता है (देखें अगला सूत्र)।

कुछ लोग प्रयासहीन प्रयास को प्रयास से विश्राम कहते हैं। प्रयास में ढील से गतिशील सजीवता की अपेक्षा शिथिलता और पतन की आशंका रहती है। कुछ अन्य लोग कहते हैं कि अनंत (हजारों सिरवाले उस आदिशेष का एक और नाम, जिस पर भगवान् विष्णु लेटते हैं) का ध्यान करने से आसनों में सिद्धि और महारत प्राप्त होती है। मैं इस कथन से सहमत नहीं हूँ। मुझे लगता है कि पतंजलि द्वारा शैथिल्य का प्रयोग सहज प्रयास के लिए किया गया है।

ततो द्वन्द्वानभिघातः ॥ 48 ॥

ततः—उससे; द्वंद्व—द्वैधता; अनभिघातः—अशांति की समाप्ति।

आसनों में ऐसी सिद्धियों और महारत से मन का द्वंद्व समाप्त हो जाता है और शरीर, सत्यता और असत्यता, चोरी और अस्तेय, संयम और असंयम, लोभ और अलोभ, स्वच्छता और अस्वच्छता, संतुष्टि और असंतुष्टि या परिवर्तनशील को स्थायी, दुःख को सुख मानने और असंत को वास्तविक सिद्ध पुरुष मानने की भूल नहीं करता है।

इन द्वंद्वात्मक विचारों के बीच शरीर, मन, बुद्धि और ईश्वर को अलग-अलग मानने की व्यक्तिपरक भावना समाप्त हो जाती है। ये व्यक्तिपरक अंतर जब अभ्यास करनेवालों में समाप्त हो जाते हैं तो स्वाभाविक रूप से एक-दूसरे के विपरीत धारणाएँ, जैसे गरम और ठंडा, सुख और शोक, खुशी और गम या सम्मान और अपमान आपस में घुल-मिल जाते हैं। इसी प्रकार शरीर, मन और आत्मा या ईश्वर किसी आसन में मिलकर एक हो जाते हैं।

पतंजलि ने आसनों से लाभ की व्याख्या इस प्रकार की है—सही रूप में प्रयोग और जागरूकता का संचार। (योगसूत्र III.56)

—तत्त्वों और इंद्रियों का शुद्धीकरण (योगसूत्र III.13)

—आसनों की प्रस्तुति में जल्दी-जल्दी परिवर्तन से विशिष्ट परिवर्तन आता है, जिससे बुद्धि में संवेदनशीलता का विकास होता है। (योगसूत्र III.15)

—मनुष्य का शरीर सही स्वरूप को प्राप्त करता है (योगसूत्र III.30-32)

—तथा भूख और प्यास (योगसूत्र III.31) पर विजय प्राप्त होती है। इसके अतिरिक्त, आसनों में सिद्धि से शरीर हीरे के समान रूप, लावण्य, शक्ति, गठन और कठोरता को प्राप्त करता है, साथ ही पुष्प की पँखुड़ी के समान कोमल रूप भी ले लेता है।

योग का छात्र होने के नाते हम सभी को यह याद रखना चाहिए कि प्रत्येक आसन को जिस प्रकार किया जाता है, उसकी एक विशेषता होती है। खुले मन से गति और शरीर की गतिविधियों तथा शरीर के साथ उनका सामंजस्य हमारे मन पर छप जाना चाहिए।

उदाहरण के लिए, उत्थित त्रिकोणासन को लेते हैं। कुछ अंग सरलता से इसके अभ्यस्त हो जाते हैं तो कुछ नहीं हो पाते। वे या तो विरोध करते हैं या सुस्त रहते हैं अथवा निष्क्रिय रहते हैं, यानी अन्य अंगों से सहयोग नहीं करते। वे, जो उत्थित त्रिकोणासन में सहयोग

नहीं करते, वे उत्थित पार्श्वकोणासन में सहयोग करते हैं। इस आसन में जो आसानी से हो जाता है, उसे उत्थित त्रिकोणासन में करना होगा और जो उत्थित त्रिकोणासन में हो पाता है, उसे उत्थित पार्श्वकोणासन में किया जाना चाहिए।

प्रत्येक आसन की अपनी एक विशेष गति और क्रिया होती है, जिसमें ऊर्जा की पूर्णता और बुद्धिमत्ता की सचेत उपस्थिति होती है। इन सहज समायोजनों को होता देख किसी के लिए भी इनका अर्थ तुरंत समझ लेना चाहिए, जिससे कि वह शरीर के उस अंग तक बुद्धि और ऊर्जा के प्रवाह को मोड़ सके, जहाँ उनकी कमी है।

विवेचना (विचारधारा) का यह प्रवाह या परस्पर अनुमोदित किया गया आसन साधना में अनिवार्य होता है, जिससे कि अनुभूति में द्वंद्वात्मक भावना या अंतरों को मिटाया जा सके और ऊर्जा तथा बुद्धिमत्ता के एक विवेकपूर्ण प्रवाह को साधना की सहायता से बनाए रखा जा सके। यही द्वंद्वात्मकता को समाप्त कर देता है।

दूसरा, हमें आसनों और प्राणायाम का अभ्यास मन में गहराई तक बैठ चुकी भावना के साथ नहीं करना चाहिए, बल्कि हमें आसनों को ही मन का स्वरूप तय करने देना चाहिए, जिससे कि ऊर्जा के प्रवाह (प्राण) तथा जागरूकता (प्रज्ञा) में कोई रुकावट न आए और हम ऊर्जा व बुद्धि का प्रवाह पूरे शरीर में महसूस कर सकें। इस अभ्यास से साधक या साधकों का कायापलट हो जाता है।

प्राणायाम और उसके प्रभाव

तस्मिन्सति श्वासप्रश्वासयोर्गतिविच्छेदः प्राणायामः ॥ 49 ॥

तस्मिन्—इस पर; सति—प्राप्त किया; श्वास—अंदर भरी गई साँस; प्रश्वास—बाहर छोड़ी गई साँस; प्राणायाम—श्वास का नियंत्रण, जीवन-बल का विस्तार।

आसनों में अंदर भरी गई साँस और बाहर छोड़ी गई साँस में सिद्धि प्राप्त करना ही प्राणायाम है। श्वास का यह लयबद्ध नियंत्रण इस बात पर निर्भर करता है कि सीने का विस्तार और फुलाव कितना हो पाता है।

स तु बाह्याभ्यन्तरस्तम्भवृत्तिर्देशकालसंख्याभिः
परिदृष्टो दीर्घसूक्ष्मः ॥ 50 ॥

स तु—यह और; बाह्य—बाहरी; अभ्यांतर—आंतरिक; स्तंभ—रोक; वृत्ति—हलचल; देश—स्थान; काल—समय; संख्याभिः—सूक्ष्मता; दृष्टाः—नियंत्रित, दीर्घ—लंबा; सूक्ष्मः—संवेदनशील।

प्राणायाम तीन चरणों में पूरा होता है—अंदर खींची गई लंबी साँस (पूरक), लंबी बाहर छोड़ी गई साँस (रेचक), पूरक और रेचक के बीच लंबे समय तक रुकना। लंबी साँस छोड़ने के बाद कुछ देर तक रुकने को 'बाह्य कुंभक' कहते हैं। लंबी साँस खींचने के बाद थोड़ी देर रुकने को 'अंतः कुंभक' कहते हैं।

इसका अभ्यास किसी व्यक्ति के गठन और परिस्थिति के अनुसार देश, काल और संवेदनशीलता के संदर्भ में किया जाता है। जैसे-जैसे कोई स्त्री या पुरुष प्राणायाम की तकनीक में कुशल होता जाता है, उसे पूरक, रेचक, अंतः कुंभक और बाह्य कुंभक को और गहराई व स्पष्टता से करने की योजना बनानी पड़ती है। प्राणायाम के इन सिद्धांतों का पालन करने के लिए किसी व्यक्ति को इन सूक्ष्म लयबद्ध ध्वनियों की गूँज को सुनना पड़ता है तथा उसे सटीक, सूक्ष्म और संवेदनशील बनाए रखना पड़ता है। इसका तारतम्य अस्थिमज्जा और धड़ की गतिविधियों के साथ स्थापित किया जाना चाहिए।

II.49 सूत्र में साँस की असमानता को सही लय में लाया जाता है। यह प्राणायाम का पहला चरण है। II.50 में दोनों चरणों की व्याख्या है। पहले चरण में अंतःकुंभक और बाह्य कुंभक आते हैं। दूसरा चरण न केवल इन दोनों पर विराम को लंबा करना है, बल्कि

अंतःकुंभक और बाह्य कुंभक में गहन, सूक्ष्म एवं संवेदनशील गतिविधियों का समावेश भी करना है। इस प्रकार इन दो सूत्रों से प्राणायाम के दो चरण पूर्ण होते हैं।

बाह्याभ्यन्तरविषयाक्षेपी चतुर्थः ॥ 51 ॥

बाह्य—बाहरी; अभ्यंतर—आंतरिक; विषय—क्षेत्र, एक वस्तु; आक्षेपी—ऊपर से जाना; चतुर्थः—चौथा।

पिछले दो सूत्रों में यह बताया गया है कि प्राणायाम की तीन विधियों को किस प्रकार करना है। यहाँ चौथा चरण प्राणायाम की सहज और प्रयास-रहित विधि को बताता है। अन्य योग रचनाओं में इस प्राणायाम को 'केवल प्राणायाम' कहा गया है।

प्राणायाम का फल

ततः क्षीयते प्रकाशावरणम् ॥ 52 ॥

ततः—उससे; क्षीयते—नष्ट; प्रकाश—रोशनी; आवरणम्—आवरण।

पतंजलि द्वारा प्रतिपादित प्राणायाम के इन सभी प्रकारों से ज्ञान और बुद्धि के समान प्रकाश के स्रोत पर छाया बादल छँट जाता है।

शोक, संदेह, विचलन और बाधाएँ—चाहे शारीरिक, भौतिक, स्नायु विषयक, नैतिक, सामाजिक, मानसिक या बौद्धिक ही क्यों न हों—वे विवेकी मन और बुद्धिमानी पर परदा डाल देते हैं तथा उनकी शक्ति और काररवाई को रोक देते हैं।

पतंजलि कहते हैं कि प्राणायाम मन और बुद्धि पर पड़े परदे को हटा देता है, जिससे अविचलित, परिपक्व बुद्धि के साथ ही ज्ञान ईश्वर या आत्मा के प्रकाश का अनुभव करा देता है। यही नहीं, ईश्वर से निकलनेवाले प्रकाश का अनुभव योग के अन्य पहलुओं से भी किया जाता है।

पतंजलि जब समाधि के संदर्भ में सबीज समाधि और निर्बीज समाधि

की बात करते हैं तो उनका अर्थ है कि यह केवल समाधि पर ही लागू नहीं होता, यह आसन, प्राणायाम, ध्यान और धारणा पर भी लागू होता है।

धारणासु च योग्यता मनसः ॥ 53 ॥

धारणासु—एकाग्रता के लिए; च—और; योग्यता—क्षमता; मनसः—मन से।

प्राणायाम न केवल ज्ञान के लिए बाधा बने परदे को हटाता है, बल्कि मन को इस योग्य बना देता है, जिससे कि वह सचेत जागरूकता (धारणा) की ओर बढ़ते हुए ईश्वर की अनुभूति कर सकता है।

प्रत्याहार और उसका प्रभाव

स्वविषयासम्प्रयोगे चित्तस्यस्वरूपानुकार इवेन्द्रियाणां प्रत्याहारः ॥ 54 ॥

स्व—अपना; विषय—वस्तु; असम्प्रयोगे—जो संपर्क में नहीं आता; चित्तस्य—चेतना का अंग; स्वरूप—अपना रूप; अनुकारः—पालन करना; एव—मानो; इंद्रियाणां—इंद्रियाँ; प्रत्याहारः—इंद्रियों का पीछे हटना।

मन को ध्यान लगाने के उपयुक्त बनाने के लिए इंद्रियों और मन को ईश्वर की ओर मोड़ना पड़ता है तथा उन्हें विषयों और जगत् के आकर्षणों से दूर कर अपने-अपने स्थान पर शांत चित्त और चिंतन करने के लिए छोड़ दिया जाता है। यह अवस्था ही प्रत्याहार है।

प्रत्याहार के फल

ततः परमा वश्यतेन्द्रियाणाम् ॥ 55 ॥

ततः—फिर; परमा—सर्वश्रेष्ठ; वश्यता—वश में, नियंत्रित; इंद्रियम्—इंद्रियों से संबंधित।

इंद्रियों की इस निष्क्रिय और चिंतन की शांत अवस्था से व्यक्ति को उनके साथ ही मन पर पूर्ण नियंत्रण प्राप्त हो जाता है और वह उनके स्वामी ईश्वर की ओर बढ़ने लगता है।

यह साधना के अंत में प्राप्त होनेवाला फल है, जहाँ ईश्वर का बाहरी रूप यानी बाह्य मन, इंद्रियाँ और काम करनेवाले अंग विश्राम की अवस्था में चले जाते हैं। इससे मन और कर्म सुख के विषयों से दूर चलते जाते हैं तथा वे बुद्धि, चेतना और आत्मा का ध्यान करते हैं। यही प्रत्याहार का फल है।

॥ इति साधन पादः ॥

यहाँ साधना पर पतंजलि के अष्टांग योग के दूसरे भाग की समाप्ति होती है।

विभूति पाद

शक्ति, समृद्धि और वैभव के संबंध में

यदि पहला और दूसरा अध्याय योग की उपयोगिता के साधनों और उद्देश्यों की विधियों की व्याख्या करते हैं तो यह अध्याय योग की सिद्धि से प्राप्त होनेवाले वैभवपूर्ण गुणों की व्याख्या करता है।

पिछले अध्याय में पतंजलि ने अस्थि-मांसल शरीर द्वारा उसके महत्त्वपूर्ण अंगों, कार्य करनेवाले अंगों, धारणा के संवेदी अंगों तथा बाह्य मस्तिष्क पर नियंत्रण प्राप्त करने की विधियों का वर्णन किया है, जो ग्यारहवीं इंद्रिय (एकादशेंद्रिय) की भूमिका निभाता है।

इस अध्याय में वह योग के वैभव का वर्णन करने से पूर्व धारणा, ध्यान तथा समाधि के माध्यम से योग के आंतरिक पहलुओं की व्याख्या करते हैं।

हमारे आंतरिक पहलू हैं— आंतरिक मन (अंतर मानस), बुद्धि, अहंकार, जो 'मैं' को जन्म देता है, चित्त यानी चेतना और धर्मेंद्रिय यानी शुद्ध अंतःकरण। योग के ये तीन पहलू अभ्यास करनेवाले के आंतरिक पक्षों को परिष्कृत करने में सहायता देते हैं।

ध्यान या एकाग्रता

देशबन्धश्चित्तस्य धारणा॥ 1॥

देश—स्थान; क्षेत्र; बंधः—बाँधने, जोड़ने, स्थिर करनेवाला; चित्तस्य—

मन संबंधी; धारणा—एकाग्रता की प्रक्रिया।

किसी चुने हुए बिंदु, क्षेत्र या स्थान पर ध्यान को पूरे मन से केंद्रित करना ही धारणा है। ध्यान को इस प्रकार शरीर के अंदर या बाहर भी केंद्रित किया जा सकता है।

ध्यान की परिभाषा

तत्र प्रत्ययैकतानता ध्यानम्॥ 2॥

तत्र—वहाँ; प्रत्यय—आधार; एकतानता—लगातार; ध्यानम्—ध्यान, चिंतन, मनन।

यदि ऊपर वर्णित गहन ध्यान के प्रभाव को लंबे समय तक क्रमानुसार, लगातार और बिना रुके बनाए रखा जाता है तो वह अपने आप ध्यान का रूप ले लेता है।

समाधि की परिभाषा (पूर्ण रूप से लीन हो जाना)

तदेवार्थमात्रनिर्भासं स्वरूपशून्यमिव समाधिः॥ 3॥

तदेव—वहीं; अर्थ—उद्देश्य; मात्र केवल—निर्भासम्—दिख रहा, चमकता हुआ; स्वरूप—अनिवार्य रूप, अपने आप; शून्य—निर्वात; इव—मानो; समाधिः—पूर्ण रूप से लीन, विलय।

जब चमत्कारिक रूप से एकाग्रचित्त ध्यान स्थिर और अविरल हो जाता है तो 'मैं' मिट जाता है। तब पूर्ण रूप से लीन हो जाने का अनुभव होता है। यही समाधि है।

समय के अनुसार जब एकाग्रता परिपूर्ण और उच्च स्तर पर पहुँच जाती है तो यह अपने आपको ध्यान या चिंतन में परिवर्तित कर लेती है। इसी प्रकार, यदि इसकी एकाग्रता को समयानुसार, लंबाई के अनुसार और विस्तार के अनुसार काफी देर तक किया जाता है तो यह पूर्ण रूप से लीन होने या समाधि का रूप ले लेता है।

संयम : एकत्व की परिभाषा

त्रयमेकत्र संयमः ॥ 4 ॥

त्रयम्—ये तीन; एकत्व—एकता, संयम—एक होना।

योग के जब ये तीन पहलू (ध्यान, धारणा और समाधि) एक हो जाते हैं और उन्हें एक रूप में बनाए रखा जाता है तो इस अवस्था को 'संयम' कहते हैं।

संयम का फल

तज्जयात्प्रज्ञालोकः ॥ 5 ॥

तद्—उससे; जयात्—सिद्धि से; प्रज्ञा—जागरूकता, बुद्धि; आलोकः—प्रकाश, तेज, अंतर्ज्ञान।

इस संपूर्ण एकत्व से अंतर्ज्ञान प्राप्त होता है तथा सिद्ध व्यक्ति ईश्वर के आलोक में स्वयं को समर्पित कर देता है।

इस विशिष्ट ज्ञान की उपयोगिता

तस्य भूमिषु विनियोगः ॥ 6 ॥

तस्य—इसका; भूमिषु—चरण; विनियोगः—उपयोग।

इस अंतर्ज्ञान का उपयोग व्यक्ति अपनी साधना की विभिन्न आवश्यकताओं या उन लोगों की आवश्यकताओं के लिए कर सकता है, जिन्हें इसकी सहायता की जरूरत है।

संयम की स्थिति

त्रयमन्तरङ्गं पूर्वेभ्यः ॥ 7 ॥

त्रयम्—यह तीन (धारणा, ध्यान, समाधि); अंतरंगम्—आंतरिक अंग

या पहलू; पूर्वेभ्य:—पूर्व में घटित।

योग के बाद के तीन पहलुओं (ध्यान, धारणा और समाधि) की तुलना में योग के पहले के पाँच पहलुओं (यम, नियम, आसन, प्राणायाम और प्रत्याहार) को बाहरी अंग माना जाता है।

इन पाँच पहलुओं में से यम और नियम बताते हैं कि मनुष्यों का धर्म क्या होना चाहिए? दूसरा, यह योगधर्म व्यक्ति को सही जीवन जीने की कला सिखाता है। यह व्यक्ति को आसन, प्राणायाम और प्रत्याहार के माध्यम से योग का सही अभ्यास शुरू करने में सक्षम बनाता है। यही मौलिक बाह्य संयम है, जिसकी तुलना यहाँ वर्णित अंतरंग संयम से की गई है।

बीज-रहित समाधि में यह संयम बाह्य हो जाता है।

तदपि बहिरङ्गं निर्बीजस्य ॥ 8 ॥

तद—वह; अपि—भी; बहिरंगम्—बाह्य; निर्बीजस्य—जिसमें बीज नहीं।

यह आंतरिक संयम भी निर्बीज समाधि के संदर्भ में बहिरंग संयम का रूप ले लेता है।

मनुष्य के शरीर का ढाँचा, कर्म करनेवाले अंग (कर्मेंद्रियाँ), ज्ञान की इंद्रियाँ (ज्ञानेंद्रियाँ) तथा बाह्य मन (एकादशेंद्रियाँ) को बहिरंग माना जाता है। जिस क्षण बाह्य मन (एकादशेंद्रियाँ) का संपर्क इनसे समाप्त हो जाता है और वह आंतरिक इंद्रियों, बुद्धि, अहंकार, मैं और चित्त से जुड़ जाता है। वे उसी प्रकार आंतरिक पहलू बन जाते हैं, जिस प्रकार कोई बीज-रहित यानी निर्बीज समाधि की अवस्था में पहुँच जाता है। यह अंतरंग समाधि बाह्य हो जाती है, क्योंकि यह बीज-रहित समाधि अंतरात्मा का पहलू बन जाती है।

निरोध चित्त और उसका फल

व्युत्थाननिरोधसंस्कारयोरभिभवप्रादुर्भावौ
निरोधक्षणचित्तान्वयो निरोधपरिणामः ॥ 9 ॥

व्युत्थान—प्रकट होते विचार, निरोध—रोकना; संस्कारयोः—अचेतन प्रभाव; अभिभव—विलुप्त होना; प्रादुर्भावौ—पुनः प्रकट होना; क्षण—पल; चित्त—चेतना; अन्वयः—जुड़ाव, संपर्क; परिणामः—परिवर्तन।

चेतना की विचार तरंगें दो प्रकार से कार्य करती हैं।

एक प्रकट होनेवाली व्याकुल दशा (व्युत्थान चित्त) में होती है तथा अन्य चेतना के निरोध (निरोध चित्त) की दशा होती है। जब प्रकट होनेवाली अवस्था समाप्त हो जाती है, तब चेतना का निरोध करनेवाले प्रभाव भी समाप्त हो जाते हैं। किंतु इन दो अवस्थाओं के बीच विराम या ठहराव का एक पल होता है। यदि बिना प्रयास प्राप्त हुए इस शांत क्षण को विलंबित किया जाए तो ये चेतना पर निरोध की अवधि को बढ़ा देते हैं।

प्रशांत चित्त निरोध चित्त का फल

तस्य प्रशान्तवाहिता संस्कारात् ॥ 10 ॥

तस्य—इसका (निरोध का फल); प्रशांत—शांतिपूर्ण अवस्था; वाहिता—प्रवाह; संस्कारात्—संस्कार से संबंधित विचार।

प्रकट होनेवाली अवस्था तथा निरोध की अवस्था के बीच चेतना में बिना प्रयास तथा निर्विघ्न क्षण आता है, जो निरोध की अवस्था को टालकर शांति की अवस्था प्रदान करता है। पतंजलि इस अवस्था को नदी का शांत प्रवाह (प्रशांत वाहिनी) कहते हैं, जो अव्यक्त विचारों को और शुद्ध करने का कार्य करती है।

मेरा यह मानना है कि चेतना की यह अवस्था समाधि से पूर्व की अवस्था होती है।

चित्त परिणाम : चेतना को परिवर्तित करनेवाला तंत्र

सर्वार्थतैकाग्रतयोः क्षयोदयौ चित्तस्य समाधिपरिणामः ॥ 11 ॥

सर्वार्थता—सारे बिंदुओं पर एकाग्रता; एकाग्रतयो:—एक बिंदु पर एकाग्रता; क्षय—नष्ट होना; उदयौ—उभरना; परिणाम:—परिवर्त्तन।

चेतना में जब सारे बिखरे विचार तरंगों की समाप्ति होती है तो किसी एक बिंदु पर ही चित्त एकाग्र होता है। अनेक बिंदुओं पर से एक बिंदु पर ध्यान एकाग्र करने का यह परिवर्तन ही समाधि का मार्ग है।

समाधि की अवस्था में निष्क्रियता की एक प्राकृतिक दशा उत्पन्न होती है, जो व्यक्ति को चेतना के साथ एक बिंदु की एकाग्रतावाली अवस्था में ले जाती है।

एकाग्रचित्त (एक बिंदु पर ध्यान)

ततः पुनः शान्तोदितौ तुल्यप्रत्ययौ चित्तस्यैकाग्रतापरिणामः ॥ 12 ॥

ततः—तब; पुनः—फिर से; शांत—स्थिर अवस्था; उदितौ—उदय की अवस्था; तुल्य—के समान; प्रत्ययौ—बोध; एकाग्रता—एक विषय पर ध्यान; परिणाम:—परिवर्तन।

यह सूत्र परिवर्तन की उस सक्रिय और निष्क्रिय दशा के बीच के अंतर की व्याख्या करता है, जो समाधि, परिणाम और एकाग्रता के परिणाम के बीच रूप लेती है। यह शांत चेतना की स्थिर अवस्था को एकाग्र चेतना की सक्रिय अवस्था में ले जाने पर बल देता है। यह निष्क्रिय अवस्था से सक्रिय अवस्था की ओर होने वाला परिवर्तन है।

सक्रिय एकाग्रचित्त अवस्था में ध्यान को उसी वर्तमान क्षण पर स्थिर रखना होता है और चेतना को विचलित या स्थिर, अतीत या भविष्य के बीच आने-जाने से रोकना पड़ता है। यही चेतना की चौथी अवस्था होती है। चेतना की अन्य तीन अवस्थाओं का वर्णन 'कैवल्य पाद' में किया गया है।

एतेन भूतेन्द्रियेषु धर्मलक्षणावस्थापरिणामा व्याख्याताः ॥ 13 ॥

एतेन—इससे; तेन्द्रियेषु—तत्त्व, शरीर, इंद्रिय; धर्म—कर्तव्य; लक्षण—गुण; अवस्था—स्थिति; परिणाम—परिवर्तन; व्याख्याताः—प्रकट करना।

चेतना में आनेवाले इन विविध परिवर्तनों से चित्त गुणात्मक व परिष्कृत रूप ले लेता है, जिससे इसकी प्रकृति (धर्म) के साथ-साथ तत्त्व, संवेदनाओं, मन और बुद्धि में भी परिवर्तन आ जाता है। चेतना और भी शुद्ध होकर आंतरिक स्थिरता की दशा को प्राप्त कर लेती है।

धर्मी और धर्म के बीच अंतर

शान्तोदिताव्यपदेश्यधर्मानुपाती धर्मी ॥ 14 ॥

शांत—निश्चल, स्थिर; उदित—प्रकट; अव्यपदेश्य—विशुद्ध; धर्म—नियम, कर्तव्य; अनुपाती—पालन करनेवाले; धर्मी—धार्मिक, न्यायप्रिय।

यद्यपि चेतना में परिवर्तन हो जाता है, तथापि नीचे के स्तर पर एक स्थिति होती है, जो किसी भी अवस्था में अपने गुणों को बनाए रखती है, चाहे वह समाहित, प्रकट और शांत ही क्यों न हो।

क्रमान्यत्वं परिणामान्यत्वे हेतुः ॥ 15 ॥

क्रम—एक श्रृंखला में; अन्यत्वम्—भिन्न; परिणाम—परिवर्तन; अन्यत्वे—विभिन्न; हेतुः—कारण।

चेतना की निरंतर बदलती दशाओं की क्रमवार शृंखला कायापलट करती है, लेकिन अधःस्तर (धर्मी) जड़वत् रहता है।

प्रयोगों और अनुभव से प्राप्त ज्ञान के माध्यम से सामंजस्य स्थापित कर स्वस्थ और सौहार्दपूर्ण परिवर्तनों का अध्ययन किया जा सकता है। इससे अवलोकन में संवेदनशीलता और चपलता आती है, जो साधना और सुधार का मार्ग प्रशस्त करती है।

क्रमवत् शृंखला को समझने के लिए मिट्टी के एक घड़े का उदाहरण लेते हैं कि उसका निर्माण कैसे होता है? घड़ा बनाने का मौलिक तत्त्व मिट्टी है। यह धर्मी होती है। इसमें जब पानी मिलाया जाता है तो यह गीली मिट्टी या गीली मिट्टी के ढेर का रूप ले लेती है। जब इसे एक रूप दिया जाता है, तब यह धारणा बन जाती है। इसके गुण में परिवर्तन (लक्षण) आ जाता है। यह जब पात्र या घड़े का अंतिम रूप ले लेती है, तब इसे 'अवस्था' कहते हैं। यदि आपको अलग-अलग आकार के पात्र बनाने पड़ें तो पहले से बने पात्र को तोड़ना पड़ता है और उसे पीसकर चूर्ण बनाना पड़ता है। फिर पानी मिलाकर नया पात्र बना सकते हैं। इसे ही क्रमवार शृंखला (क्रम) कहते हैं। चेतना को फिर से आकार देने के लिए यौगिक विधि में इसी पद्धति को अपनाना और उसमें ढलना पड़ता है।

यह जानना दिलचस्प होगा कि अवस्था के दो चरण होते हैं—विकासोन्मुख और प्रतिप्रसव। चूँकि प्रकृति सदैव परिवर्तित होती रहती है, इसकी प्रकृति विकासोन्मुख (प्रसव) होती है। जब वही प्रकृति (यौगिक विधि से) परम पुरुष की ओर उन्मुख होती है तो इसका विकास उलटे क्रम में ईश्वर की ओर होता है तथा प्रकृति का विकास रुक जाता है। इसे 'प्रतिप्रसव' कहते हैं।

संयम और फल

परिणामत्रयसंयमादतीतानागतज्ञानम्॥ 16॥

परिणाम—परिवर्तन; कायापलट; त्रय—तीन स्तरोंवाला; संयमाद्—एकत्व; अतीत—बीता हुआ; अनागत—भविष्य; ज्ञानम्—ज्ञान।

जब धर्मी में एकत्व स्थान लेता है, तब यह एक धर्म विशेष में लक्षण के माध्यम से स्थिर अवस्था का स्वरूप ग्रहण कर लेता है। तब वर्तमान और भूत का ज्ञान चेतना का स्थान लेने लग जाता है।

शब्दार्थप्रत्ययानामितरेतराध्यासात्
संकरस्तत्प्रविभाग संयमात्सर्वभूतरुतज्ञानम्॥ 17॥

अर्थ—उद्देश्य, मतलब; प्रत्ययानाम्—महसूस करना, विचार; इतरेतर—एक साथ पर दूसरा; अध्यासात्—किसी और वस्तु पर रखना; संकरः—एक साथ मिलना; तत्—उसका; प्रविभाग—विशिष्टता, भिन्न; संयमात्—संयम; सर्व—सभी; भूत—जीव, रुत—ध्वनि।

शब्द, अर्थ और भावनाओं के एक-दूसरे में मिल जाने से भ्रम उत्पन्न होता है। इस भ्रम को संयम से दूर किया जा सकता है। इस प्रयास के दौरान वह अन्य जीवों को उनकी ध्वनियों से समझ पाता है।

संस्कारसाक्षात्करणात्पूर्वजातिज्ञानम्॥ 18॥

संस्कार—अवचेतन भाव; साक्षात्करणात्—प्रत्यक्ष देखकर; पूर्व—बीता हुआ; जाति—वंश।

अतीत के अवचेतन भाव जब फिर से प्रकट होते हैं, तब उन्हें प्रत्यक्ष रूप से देखकर किसी के अतीत को जाना जा सकता है।

प्रत्ययस्य परचित्तज्ञानम्॥ 19॥

प्रत्ययस्य—धारणा; पर—दूसरों का; चित्त—चेतना।

चेतना की इस विशेषता से दूसरों के मन की बातों को समझने की क्षमता मिलती है।

न च तत्सालम्बनं तस्याविषयीभूतत्वात्॥ 20॥

न—नहीं; च—और; तत्—वह (ज्ञान); सालम्बनं—सहारा; अविषयी—जो ज्ञात नहीं है; भूतत्वात्—जीवन में।

एक योगी दूसरों के मन और उनकी मंशा को जान सकता है; किंतु वह उनमें झाँककर अपना समय व्यर्थ नहीं करता। फिर भी, यदि उससे पूछा जाए तो वह ऐसे व्यक्तियों की मदद और उनका मार्गदर्शन कर सकता है।

कायरूपसंयमात्तद्ग्राह्यशक्तिस्तम्भे
चक्षुष्प्रकाशासम्प्रयोगेऽन्तर्धानम् ॥ 21 ॥

काया—शरीर; ग्राह्य—जिसे ग्रहण करना है; स्तम्भे—निकलनेवाला; चक्षुः—आँख; असम्प्रयोगे—संपर्क से दूर; अंतर्धानम्—लुप्त हो जाना।

शरीर में संयम के प्रयोग से वह संयमी योगी अपने शरीर से ऐसा प्रकाश उत्सर्जित कर सकता है कि देखनेवाले भी उसे देख न सकें। वह इस प्रक्रिया को उलट भी सकता है।

एतेन शब्दाद्यन्तर्धानमुक्तम् ॥ 22 ॥

एतेन—इस प्रकार; शब्दादि—ध्वनि तथा अन्य; अन्तर्धानम्—अदृश्य होना; उक्तम्—कहा गया।

इसी प्रकार वह योगी पाँच तत्त्वों यानी ध्वनि, स्पर्श, आकार, स्वाद और गंध की आणविक संरचना को भी वश में कर सकता है।

योग का फल शीघ्र या विलंब से प्राप्त हो सकता है।

सोपक्रमं निरुपक्रमं च कर्म
तत्संयमादपरान्तज्ञानमरिष्टेभ्यो वा ॥ 23 ॥

सोपक्रमं—तत्काल प्रभाव; निरुपक्रमं—फल मिलने में विलंब; संयमात्—सिद्धि से; अपरांत—मृत्यु, अरिष्टेभ्यो—अपशकुन; वा—या।

यौगिक कर्म के प्रभाव तत्काल, विलंबित या स्थगित होते हैं। ये हमारे पिछले कर्मों पर निर्भर करते हैं। ये तीन प्रकार के होते हैं—आध्यात्मिक, आधिभौतिक और आधि दैविक। आध्यात्मिक कर्म का कारण व्यक्ति स्वयं होता है। आधिभौतिक कर्म वे हैं, जो तत्त्वों के संतुलन को बिगाड़कर स्वास्थ्य और सुख को प्रभावित करते हैं। आधिदैविक कर्म हमारे पिछले जन्म के कर्मों का संचय होते हैं, जिन्हें आमतौर पर लोग अपना भाग्य कहते हैं। स्वास्थ्य के दृष्टिकोण से उन्हें जन्मजात विकृति, कष्ट और शोक (ताप) कहते हैं। एक

सिद्ध योगी न केवल कर्म के केवल अंतिम फलों का ज्ञान रखता है, बल्कि उसे भविष्य में होनेवाली घटनाओं का संकेत भी मिल जाता है।

जिस प्रकार महर्षि पतंजलि ने योगसूत्र II.4 में बताया है कि अविद्या के चार चरण हैं—प्रसुप्त, दुर्बल, एकांतर और पूर्ण सक्रिय, उसी प्रकार यह सूत्र भी बताता है कि कर्म के फल विभिन्न चरणों में किसी व्यक्ति को उसके कर्म की क्रमिक विधियों के अनुसार प्रभावित कर सकते हैं (देखें III.15)।

मैत्र्यादिषु बलानि ॥ 24 ॥

मैत्री—मित्रता; आदिषु—प्राप्त होना; बलानि—बल।

वह योगी, जो मित्रता में संयम बरतता है, उसे शारीरिक, नैतिक और मानसिक शक्ति प्राप्त होती है।

मुझे ऐसा लगता है कि इस सूत्र का पहले अध्याय, समाधि पाद के सूत्र 33 पर भी प्रभाव है। उसमें जीवन के सकारात्मक पहलू को विकसित करने के लिए एक विधि सुझाई गई है। उस विधि में मैत्री, करुणा, प्रशंसा या प्रसन्नता (मुदिता) तथा समभाव या उपेक्षा शामिल है। उनसे जीवन के छह नकारात्मक पहलुओं (षड्रिपु)— काम, क्रोध, लोभ, मोह, मद और मत्सर (ईर्ष्या) पर विजय प्राप्त करने से व्यक्ति का मन और हृदय सुंदर हो जाता है।

बलेषु हस्तिबलादीनि ॥ 25 ॥

बलेषु—बल से; हस्ति—हाथी; आदीनि—अन्य।

जब सिद्ध योगी हाथी के बल के विषय में सोचता है तब वह किसी हाथी के समान बल को प्राप्त कर लेता है। यदि वह एक चील का ध्यान करता है तो उसे चील के जैसी दृष्टि और तेज की प्राप्ति होती है। संक्षेप में, योगी जैसे बल की इच्छा करता है, वैसा ही बल प्राप्त कर लेता है।

पतंजलि ने बल या विवेक की चर्चा चार स्थानों पर की है। अध्याय I.20 में वह वीर्य की बात करते हैं। वहाँ उसका प्रयोग नैतिक, मानसिक और बौद्धिक बल के लिए किया गया है। II.38 में जिस वीर्य की उन्होंने चर्चा की, वह निश्चित रूप से जैविक और तंत्रिका की क्षमता का संकेत करती है; जबकि III.47 में जिस बल की चर्चा है, वह मानसिक शक्ति और सहनशीलता का परिचय देती है।

प्रवृत्त्यालोकन्यासात्सूक्ष्मव्यवहितविप्रकृष्टज्ञानम्॥ 26॥

प्रवृत्तियः—संवेदी धारणा; आलोक—प्रकाश; न्यासात्—प्रत्यक्ष; सूक्ष्म—संवेदी; व्यवहित—छिपा; विप्रकृष्ट—दूर।

ज्ञान और बुद्धि के अंतर्ज्ञान से सिद्ध योगी अति संवेदी धारणा को प्राप्त कर लेता है। इस शक्ति को यौगिक साधना के माध्यम से वह प्रकाश की सूक्ष्मतम छिपी हुई वस्तुओं का पता लगाने की ओर निर्देशित कर देता है, जो दूर होने के साथ-साथ योगी के पास अपने शरीर में भी हैं (I.32)।

यह ऐसा ज्ञान भी देता है, जिससे आंतरिक अनंत शरीर की पूर्णता को उसके संपूर्ण रूप में जाना जा सकता है।

योगी को जब शरीर का यह निश्चित ज्ञान भलीभाँति प्राप्त हो जाता है, तब वह ईश्वर में समाहित अनंत ज्ञान और बुद्धि की खोज करने की दिशा में बढ़ जाता है। इस अवस्था में सीमित का विलय अनंत में हो जाता है।

भुवनज्ञानं सूर्ये संयमात्॥ 27॥

भुवनज्ञानं—संसार का ज्ञान; सूर्ये—सूर्य पर; संयमात्—एक हो जाने से।

सिद्ध योगी सूर्य के प्रति एकाग्रचित्त होकर स्थूल ब्रह्मांडीय संसार के ज्ञान की प्राप्ति कर सकता है।

भारतीय दर्शन के अनुसार, इस ब्रह्मांड में चौदह जगत् होते हैं। ये हैं— भूलोक, सुवरलोक, महालोक, ज्ञान लोक, तपो लोक और सत्य लोक। इनसे नीचे निचला संसार आता है। वे हैं— अटल, विटल, सुतल, रसातल, तलातल, महातल और पाताल। इन चौदह स्थूल ब्रह्मांडों की अभिव्यक्ति हमारे शरीर के सूक्ष्म ब्रह्मांड में भी होती है। चूँकि स्थूल ब्रह्मांड सूक्ष्म ब्रह्मांड में होता है और सूक्ष्म ब्रह्मांड की झलक स्थूल ब्रह्मांड में दिखती है, इसलिए ये चौदह लोक मस्तक से लेकर पैर के तलवे तक शरीर का प्रतिनिधित्व करते हैं। यदि पेड़ भूलोक है तो वायु विषयक लोक का प्रतिनिधित्व इस प्रकार होता है— नाभि भुवरलोक, फेफड़ा सुवरलोक, हृदय महालोक, गरदन ज्ञानलोक, भौंह का मध्य तपलोक, मस्तक सत्यलोक। शरीर के सात निचले लोकों का प्रतिनिधित्व शरीर में इस प्रकार होता है— कूल्हे अटल, जाँघ विटल, घुटने सुतल, पिंडली रसातल, टखने तलातल, पैर की हड्डियाँ महातल तथा तलवे एड़ियाँ पाताल। शरीर का वायु संबंधी जगत् सात चक्रों को बताता है। गुदाद्वार का स्थान मूलाधार, त्रिक क्षेत्र स्वाधिष्ठान, नाभि मणिपूर, हृदय अनाहत, कंठ विशुद्धि, भौंह के बीच आज्ञा और शीर्ष सहस्रार।

चन्द्रे ताराव्यूहज्ञानम् ॥ 28 ॥

चन्द्रे—चाँद पर; तारा—तारे पर; व्यूह—क्रमिक व्यवस्था।

चंद्रमा पर संयम पाकर योगी तारों की स्थिति और क्रमिक व्यवस्था को जान लेता है। साथ ही हमारे ऊपर उनके प्रभाव को भी समझ पाता है।

चंद्रमा चित्त (चेतना) का प्रतीक है।

ध्रुवे तद्गतिज्ञानम् ॥ 29 ॥

ध्रुव—स्थायी; ध्रुवतारा; तद्—उससे; गति—चाल, घटनाक्रम भाग्य।

ध्रुव तारा पर ध्यान स्थिर कर योगी तारों की स्थिति के अध्ययन से ज्ञान प्राप्त करते हैं तथा वे इसके आधार पर भाग्य को भी पढ़ लेते हैं।

यहाँ ध्रुव तारा बुद्धि का प्रतीक है।

मुझे लगता है, 27वें, 28वें और 29वें सूत्रों को समझने के दो पहलू हैं। ऐसा प्रतीत होता है कि वृहद् लौकिक ब्रह्मांड के ज्ञान से पतंजलि खगोल विद्या और ज्योतिष के ज्ञानी थे। तारों, ग्रहों और राशियों से संबंधित ज्ञान रखने के कारण महर्षि को ज्योतिष-शास्त्री भी कहा जा सकता है। इन दोनों के अतिरिक्त उन्हें अंक-शास्त्री, जीव-विज्ञानी, भौतिक-शास्त्री, रसायन-शास्त्री, प्राणि-शास्त्री के साथ ही एक कलाकार तथा एक वैज्ञानिक, एक दार्शनिक, एक प्रकृतिवादी (आत्मा में स्थापित) और ईश्वर ही जाने और क्या-क्या कहा जा सकता है।

दूसरी बात यह है कि यह सूत्र वृहद् लौकिक ब्रह्मांड की संरचना के महत्त्व को बताते हैं, जिसमें सूर्य ईश्वर या आत्मा का प्रतिनिधित्व करता है। जिस प्रकार सूर्य कभी क्षीण नहीं पड़ता, उसी प्रकार आत्मा का तेज भी कम नहीं होता। ईश्वर का भी कभी ह्रास नहीं होता। एक योगी ईश्वर को समझ लेने के पश्चात् शरीर के एक-एक अंग में उनके वास करने के विषय में जान लेता है।

जिस प्रकार चंद्रमा घटता और बढ़ता है, ठीक उसी प्रकार हमारी चेतना भी घटती और बढ़ती है। चंद्रमा पर ध्यान स्थिर करने से, यानी चेतना पर ध्यान स्थिर करने से विचारों की अनगिनत तरंगों को शांत किया जा सकता है। इससे योगी को चेतना के मूल को समझने में सहायता मिलती है। ध्रुव तारा ऋतंभरा प्रज्ञा यानी सत्य का रूप है, जिसकी व्याख्या I.48 सूत्र तथा IV.29 के 'धर्ममेघ समाधि' में की गई है। इस ज्ञान से योगी परिस्थितियों का शिकार बनने की बजाय उनका स्वामी बन जाता है।

इस प्रकार, मैं मानता हूँ कि सूत्र 27, 28 और 29 सूक्ष्म जगत् यानी शरीर की चर्चा करते हैं, क्योंकि अगले सूत्र 30 में नाभि का

वर्णन है। स्थूल ब्रह्मांड की चर्चा के बाद पतंजलि अब शरीर की बात करते हैं, जिसे सूक्ष्म जगत् के समान माना जाता है। इसके बाद वह उसके कार्य और उसकी संरचना की चर्चा करते हैं। यद्यपि मुझे लगता है कि सूत्र 27 से 29 तक ब्रह्मांड की चर्चा है, फिर भी वे उस शरीर की भी बात करते हैं, जिसमें चौदह लोक समाहित हैं। इस सूत्र के बाद वह विशेष रूप से शरीर के आंतरिक कार्यों की बात करते हैं।

नाभिचक्रे कायव्यूहज्ञानम्॥ 30॥

नाभि—नाभि; चक्रे—रहस्यमयी केंद्र; काया—शरीर; व्यूह—प्रणाली; ज्ञानम्—ज्ञान।

नाभि, जो मणिपूर चक्र का स्थान है, उस पर ध्यान स्थिर कर योगी शरीर के गठन का पूर्ण ज्ञान प्राप्त कर लेता है।

चूँकि नाभि को जीवन की ऊर्जा का उद्गम स्थल माना जाता है, इस कारण सिद्ध योगी को अस्थि-मांसल (अन्नमय कोश) शरीर के साथ-साथ दैहिक शरीर (प्राणमय कोश) की भी पूरी जानकारी होनी चाहिए। दूसरे हिस्से में श्वसन, परिसंचारी, अंत:स्रावी, पाचन, उत्सर्गी तथा जनन प्रणाली शामिल है।

इनके अतिरिक्त वह नाड़ी संबंधी ज्ञान को भी प्राप्त करता है, जिसके अंतर्गत शरीर के संचालन की पूरी व्यवस्था शामिल है।

कण्ठकूपे क्षुत्पिपासानिवृत्तिः॥ 31॥

कण्ठ—कंठ; कूपे—कुआँ गड्ढा; क्षुत—भूख; पिपासा—प्यास; निवृत्तिः—वशीभूत।

विशुद्धि चक्र के स्थान कंठ के कुएँ (कंठकूप) पर ध्यान स्थिर करने से योगी भूख और प्यास को अपने वश में कर लेता है।

कूर्मनाड्यां स्थैर्यम्॥ 32॥

कूर्म—कछुआ, एक नाड़ी का नाम; नाड्यां—नाड़ी, नस; स्थैर्यम्—निरंतरता।

कूर्म नाड़ी पर ध्यान स्थिर कर योगी शरीर की गतिविधियों और बुद्धि पर अपनी इच्छानुसार पूर्ण रूप से विजय प्राप्त कर लेता है तथा स्थिर दशा में लंबे समय तक रह सकता है।

चूँकि कूर्म नाड़ी कहाँ स्थित है, इसका स्पष्ट वर्णन नहीं है, इस कारण मैं यह मानता हूँ कि यह पूरे तंत्रिका तंत्र समेत पाचन-प्रणाली की बात कर रहा है। संभवत: कूर्म नाड़ी का अर्थ है— शरीर का तंत्रिका तंत्र, जिसके अंतर्गत सूर्य प्रतान (सूर्य स्थान) और चंद्र प्रतान (चंद्र स्थान) आते हैं, जिसे 'हाइपोथैलेमस' के नाम से भी जाना जाता है और यह शरीर के तापमान को नियंत्रित करता है। ऐसा कहा जाता है कि नाड़ी का स्रोत नाल का क्षेत्र होता है।

चूँकि विश्व कछुए की पीठ पर टिका है, हमारा तंत्रिका तंत्र भी हमारे शरीर की पीठ यानी मेरुदंड पर टिका है। स्वास्थ्य (शरीर का धन) तंत्रिका तंत्र पर निर्भर करता है। केंद्रीय तंत्रिका तंत्र के लिए कूर्म नाड़ी का प्रयोग किया जा सकता है। यह कूर्म नाड़ी व्यक्ति को स्वस्थ रखने में शहद के समान कार्य करता है। कूर्म का अर्थ है कछुआ। भगवान् विष्णु के दस अवतारों में से यह दूसरा अवतार है। यहाँ इसकी प्रासंगिकता इस कारण है, क्योंकि जीवन शक्ति शरीर को बनाए रखने में शहद के रूप में कार्य करता है। यह दूसरा अवतार दूसरे कोश शरीर की क्रिया या प्राणमय कोश का प्रतिनिधित्व करता है।

कछुए ने तब अवतार लिया, जब राक्षसों ने देवों को युद्ध की चुनौती दी। देवता भगवान् विष्णु की शरण में गए तथा उनसे मार्गदर्शन माँगा। राक्षसों की शक्ति से भलीभाँति परिचित होने के कारण भगवान्

विष्णु ने उन्हें सावधान रहने और कुछ दिनों के लिए राक्षसों को अपना मित्र बना लेने की सलाह दी। देवों और दैत्यों ने कहा कि वे एक ही पिता कश्यप (चूँकि उन्होंने दो बहनों दिति और अदिति से विवाह किया था) की संतान हैं और इस संबंध के नाते यह उचित होगा कि वे मित्र के समान रहें।

उचित अवसर की प्रतीक्षा करते हुए, जैसाकि भगवान् विष्णु ने सुझाया था, देवों ने क्षीर सागर को मथना आरंभ किया, ताकि उससे प्राप्त अमृत को पीकर वे अमर और सदा के लिए प्रसन्नचित्त हो सकें।

देवों पर विश्वास करते हुए दैत्यों ने उनका साथ दिया और इस कारण भगवान् विष्णु के सर्प वासुकि ने रस्सी का तथा मंदराचल पर्वत ने मथानी का कार्य किया। शारीरिक रूप से बलवान् होने के कारण दैत्यों ने वासुकि की गरदन को पकड़ा, जबकि देवताओं ने उसकी पूँछ को। मथने का कार्य चल ही रहा था कि पर्वत सागर में डूबने लगा और कार्य में बाधा पड़ गई। उन सभी ने मदद के लिए भगवान् विष्णु का आह्वन किया। भगवान् ने कछुए का रूप धारण किया और पर्वत के नीचे चले गए। इससे पर्वत सागर के ऊपर आ गया और मंथन कार्य पुनः चलने लगा। इस प्रकार भगवान् विष्णु ने कूर्म अवतार लिया।

कछुए ने जिस प्रकार डूबते पर्वत को ऊपर उठाया, उसी प्रकार हमारे शरीर में कूर्म नाड़ी का काम ऊर्जा की नई शक्ति का संचार करना होता है, जिससे कि शरीर फिर से जीवंत और गतिशील हो जाता है।

इस क्षेत्र पर जो भी नियंत्रण कर लेता है, वह अपने तंत्रिका तंत्र को शक्तिशाली बना लेता है।

एक योगाभ्यासी होने के कारण मैं यह मानता हूँ कि तंत्रिका तंत्र हमारे शरीर, मन और आत्मा के बीच सामंजस्य स्थापित करता है। आसनों और प्राणायाम का अभ्यास करने से इसके महत्त्व का अनुभव किया जा सकता है।

उदाहरण के लिए, कोई भी व्यक्ति अपने जीवन की कमियों को तब तक अपने वश में रख सकता है, जब तक उसकी मानसिक शक्ति प्रबल रह सकती है। किंतु जिस क्षण तंत्रिका तंत्र ध्वस्त होता है, उसी क्षण व्यक्ति को शारीरिक व मानसिक रूप से धराशायी होते देखा जा सकता है।

मूर्धज्योतिषि सिद्धदर्शनम्॥ 33॥

मूर्ध—शीर्ष; ज्योतिषि—प्रकाश पर; सिद्ध—सिद्ध; दर्शनम्—दृष्टि।

मस्तक (ब्रह्मरंध्र और सहस्रार चक्र) पर चमकती आभा पर ध्यान स्थिर कर योगी सिद्ध पुरुषों से सृजनात्मक विचार या दृष्टि प्राप्त करता है।

प्रातिभाद्वा सर्वम्॥ 34॥

प्रातिभात्—समुज्ज्वल प्रकाश, अंतर्ज्ञान; वा—या; सर्वम्—सबकुछ।

ललाट के मध्य यानी आज्ञा चक्र पर ध्यान स्थिर करने से योगी प्रतिभा या तारक ज्ञान तथा स्पष्ट ज्ञान ऋतंभरा प्रज्ञा की प्राप्ति कर लेता है। यह सूर्योदय से पहले पौ फटने के समान होता है, जो भ्रम को दूर कर देता है।

हृदये चित्तसंवित्॥ 35॥

हृदये—हृदय पर; चित्त—चेतना; संवित्—ज्ञान।

हृदय क्षेत्र, जो चित्त का तथा अनाहत चक्र का स्थान होता है, उस पर ध्यान स्थिर करने से योगी चित्त को वश में कर पाता है, जो मैं (साकार), गर्व, बुद्धि, मन, कर्म और धारणा का स्रोत होता है। इस नियंत्रण से उसे सभी द्वंद्वों (चित्त वृत्तियों) को स्वतः शांत करने में सफलता मिलती है।

यह आत्मा से उत्सर्जित ज्ञान के प्रकाश का अनुभव करने से पूर्व की स्थिति होती है।

आत्मा का ज्ञान

सत्त्वपुरुषयोरत्यन्तासंकीर्णयोः प्रत्ययाविशेषो भोगः
परार्थत्वात्स्वार्थसंयमात्पुरुषज्ञानम्॥ 36॥

सत्त्व—बुद्धि; पुरुषयो:—आत्मा का; अत्यंत:—संपूर्ण; असंकीर्णयो:—एक-दूसरे से भिन्न; प्रत्यय:—जागरूकता; अविशेष:—भिन्न; भोग:—अनुभव, परार्थत्वात्—एक-दूसरे से अलग; संयमात्—संयम से; पुरुषज्ञानम्—आत्मा का ज्ञान।

प्रकृति का ज्ञान और पुरुष यानी आत्मा का ज्ञान एक-दूसरे के लिए सहायक होता है। वे अभिन्न या अलग नहीं बल्कि एक समान दिखते हैं। आत्मा पर संयम रखकर योगी प्रकृति के सिद्धांतों तथा पुरुष यानी आत्मा के रत्न के विशिष्ट भेद को जान पाता है।

इस ज्ञान से योगी परम ध्यान की प्राप्ति करता है।

ततः प्रातिभश्रावणवेदनादर्शास्वादवार्ता जायन्ते॥ 37॥

ततः—वहाँ से; प्रातिभ—आध्यात्मिक ज्ञान अंग (कोष); श्रावणय—सुनने वाला अंग; वेदना—स्पर्श का अंग; आदर्श—दृष्टि का अंग; आस्वाद—स्वाद का अंग; वार्त्ता:—सूँघने का अंग; जायन्ते—उत्पन्न हुआ।

पतंजलि कहते हैं कि संवेदना का परम ज्ञान अपने आप प्राप्त होता है। इसे औसत बुद्धिवाले नहीं समझ सकते हैं। ये अंग सुनने, स्पर्श, देखने, स्वाद और गंध का ज्ञान कराते हैं।

सिद्धि से संबंधित चेतावनी

ते समाधावुपसर्गा व्युत्थाने सिद्धयः॥ 38॥

ते—वे (दैवी धारणा); समाधौ—समाधि में; उपसर्गा:—रुकावट; व्युत्थाने—उठनेवाला; सिद्धय:—शक्तियाँ।

साधक असाधारण असंवेदी शक्तियों के साथ ही अद्‌भुत शक्ति को प्राप्त कर सकता है; किंतु उसे इसके मद में चूर नहीं होना चाहिए। उसे मन में सदैव उस लक्ष्य का ध्यान करना चाहिए, जिससे वह आत्मा के दर्शन के लिए सही रूप से जीवन व्यतीत करे। इस कारण ही पतंजलि ने साधकों को इस संकेत के साथ सचेत किया है कि ऐसी असाधारण शक्तियाँ बाधा उत्पन्न करती हैं और उनसे सावधान रहना चाहिए। ऐसा न करने पर वे अपनी यौगिक यात्रा यानी आत्मा या समाधि के प्रति समर्पण से विमुख हो सकते हैं।

बन्धकारणशैथिल्यात्प्रचारसंवेदनाच्च
चित्तस्य परशरीरावेशः ॥ 39 ॥

बंध्य—बंधन; कारण—वजह; शैथिल्य—आलस्य; प्रचार—गति; संवेदनात्—जानकर; च—और, चित्रस्य—चित्र का; पर—दूसरों का; शरीर—देह, काया; वेशः—प्रवेश।

एक सिद्ध योगी बंधनों के कारणों को दूर कर दूसरों के शरीर में प्रवेश कर सकता है। वह अपनी चेतना को जब दूसरे शरीर में स्थानांतरित करता है तो उसके साथ उसकी ऊर्जा (प्राण) और संवेदना भी स्थान बदल लेती है। वह अपने आप को अपनी इच्छा से कर्म के बंधन से भी मुक्त कर सकता है।

उदाहरण के लिए, मंडन मिश्र की पत्नी श्रीमती भारती ने शंकराचार्य को पारिवारिक जीवन के कर्तव्यों और चुनौतियों की व्याख्या करने की चुनौती दी तो ऐसा कहा जाता है कि शंकराचार्य राजा अमरक के शरीर में प्रवेश कर गए, जिससे कि वे गृहस्थ होने का ज्ञान प्राप्त कर सकें।

मत्स्येंद्रनाथ राजा त्रिविक्रम के शरीर में प्रवेश कर गए थे तथा उन्होंने उनके राज्य पर बारह वर्षों तक उसी प्रकार शासन किया। गोरक्षनाथ के अनुरोध पर मत्स्येंद्रनाथ एक पुत्र के पिता बने, जिसका नाम 'धर्मनाथ' रखा गया।

पतंजलि ने किसी अन्य के शरीर में प्रवेश करने की एक योगी की शक्ति का वर्णन करने के बाद विश्व की चैतन्य शक्ति की व्याख्या की।

पंच वायु शक्ति (ब्रह्मांडीय ऊर्जा पर विजय तथा प्रभाव)

उदानजयाज्जलपङ्ककण्टकादिष्वसङ्ग उत्क्रान्तिश्च ॥ 40 ॥

उदान—पाँच प्राणों में से एक या जीवनदायी वायु; जयात्—सिद्धि से; जल—पानी; पङ्क—कीचड़; कंटक—काँटे; आदिषु; और इसके पश्चात्; असङ्ग—वियोग; उत्क्रांतिः—उद्गम या उत्तोलन; च—और।

उदान वायु पर नियंत्रण से योगी को उत्तोलन या पानी, दलदल या काँटों के ऊपर से बिना उनका स्पर्श किए (रस तन्मात्र तथा आप तत्त्व पर विजय से) हवा में चलने की शक्ति प्राप्त होती है।

विश्व चैतन्य शक्ति एक होती है। यह विचार की तरंगों और दुःख के समान है, जो अकारण उत्पन्न होती है। किंतु उन्हें अस्थिरता के पाँच चरणों और दुःख की पाँच अवस्थाओं में वर्गीकृत किया गया है।

मुख्य वायु होती हैं—प्राण, अपान, समान, उदान, व्यान। ये पाँच तत्त्वों और उनकी आणविक संरचनाओं से जुड़ी होती हैं। अपान का संबंध गंध तथा पृथ्वी तत्त्वों से होता है। प्राण का स्वाद तथा आप तत्त्व या पानी से होता है, समान का दृष्टि तथा रूप तत्त्व या अग्नि से, उदान का स्पर्श और वायु तत्त्व या वायु से; जबकि ज्ञान के अंतर्गत ध्वनि और आकाश तत्त्व या अंतरिक्ष आते हैं।

अंदर ली गई साँस से यदि प्राणवायु ऊर्जा को उत्पन्न और एकत्र करती है तो दूषित वायु, जो स्वास्थ्य को बिगाड़ सकती है, उसे अपान वायु के रूप में छोड़ दिया जाता है। समान से अन्य चार वायु संतुलित होती हैं। उदान से ऊर्जा सक्रिय होकर निचले अंग से मस्तिष्क तक

जाती है। चूँकि यह ऊर्जा को ऊपर की ओर ले जाती है, इसलिए इसे 'उदान वायु' कहते हैं। व्यान वायु अन्य वायु को फैलने, सिकुड़ने और संचारित करने में सहायक होती है।

पाँच उप-वायु हैं—नाग, कूर्म, कृकर, देवदत्त और धनंजय। नाग पेट के दबाव को डकार के द्वारा कम करने में मदद करता है। कूर्म प्रकाश के अनुसार पिपनियों की गति को नियंत्रित करता है। कृकर के कारण छींक या खाँसी आती है तथा वह वस्तुओं को नाक के अंदर जाने से रोकती है। देवदत्त के कारण जम्हाई, नींद और खर्राटे आते हैं; जबकि धनंजय खखार उत्पन्न करता है, शरीर को पोषण देता है तथा मृत्यु के बाद शरीर में बने रहकर शव को फुला देता है।

समानजयाज्ज्वलनम्॥ 41॥

समान—पाँच प्राणवायु में से एक; जयात्—सिद्धि; ज्वलनम्—जलता, चमकता।

समान वायु पर ध्यान स्थिर कर योगी उस आभा को प्राप्त करता है, जो अग्नि के समान चमकती रहती है।

चूँकि यह वायु रक्तवाही तंत्र पर प्रभाव डालती है, इस कारण रक्त का रासायनिक गुण इतना अच्छा हो जाता है कि वह शरीर को पुष्ट कर देता है। आँखों और चेहरे से स्वास्थ्य शक्ति और बल का भरपूर संकेत मिलता है।

श्रोत्राकाशयोः सम्बन्धसंयमाद्दिव्यं श्रोत्रम्॥ 42॥

श्रोत्र—सुनने की शक्ति, सुनने सबंधी; आकाशयोः—अंतरिक्ष में; संयमात्—धैर्य रखकर; दिव्यं—दैवी; श्रोत्रम्—सुनने की शक्ति।

वायु तथा सुनने के अंग के बीच संयम रखकर शब्द का तन्मात्र यानी सुनने की शक्ति तथा आकाशीय तत्त्वों पर विजय प्राप्त होती है और वह सुनने की असाधारण क्षमता को प्राप्त कर लेता है।

कायाकाशयोः सम्बन्धसंयमाल्लघुतूल समापत्तेश्चाऽकाशगमनम् ॥ 43 ॥

काय—शरीर; आकाशयोः—आकाश में; लघु—हलका तूल—कपास का रेशा; समापत्तेः—एक हो जाना; गमनम्—जाना।

आकाश और शरीर के बीच ध्यान स्थिर कर सिद्ध योगी अपने शरीर और मन को एक इकाई में ढाल लेता है, जिससे उसका शरीर कपास के रेशे के जितना हलका हो जाता है और वह हवा में उठकर अंतरिक्ष में चला जाता है (तन्मात्र, स्पर्श और वायु तत्त्वों पर विजय)।

एक योगी शरीर त्यागकर भी जीवित रह सकता है : एक अकल्पनीय वृत्ति।

बहिरकल्पिता वृत्तिर्महाविदेहा ततः प्रकाशावरणक्षयः ॥ 44 ॥

बहिः—बाहरी; अकल्पित—कल्पना से परे; वृत्ति—परिवर्तन; विदेह—बिना शरीर; आवरण—बाहरी वस्त्र; क्षय—नष्ट होना।

अकल्पनीय या सोच से परे विचार पर ध्यान स्थिर कर योगी चेतना को अमूर्त या देह-मुक्त शरीर (महाविदेह) से बाहर ला सकता है या असंबद्ध कर सकता है।

इस सूत्र से हमें यह ज्ञान और अनुभूति हो जाती है कि शरीर और आत्मा एक-दूसरे से पूरी तरह भिन्न हैं। शरीर में आत्मा के मंदिर का वास होता है और वह किसी पात्र में जल के समान है। यद्यपि वे भिन्न और असमान हैं, तथापि पात्र में होने के कारण एक ही दिखते हैं। केवल ज्ञान और बुद्धि से संपन्न व्यक्ति ही आत्मा और शरीर के सूक्ष्म भेद को समझ पाता है। (देखें, III.50)

स्थूलस्वरूपसूक्ष्मान्वयार्थवत्त्वसंयमाद्भूतजयः ॥ 45 ॥

स्थूल—संपूर्ण; स्वरूप—रूप; सूक्ष्म—महीन; अन्वय—व्यापकता; अर्थवत्त्व—उद्देश्य; भूतजयः—तत्त्वों पर सिद्धि।

संपूर्ण स्वरूप या गुणों तथा उनकी सूक्ष्म प्रकृति के साथ प्रकृति के सर्वव्यापी गुणों पर ध्यान स्थिर कर योगी तत्त्वों की व्यवस्था पर सिद्धि प्राप्त कर लेता है।

जैसाकि हमने साधन पाद II.19–23 में प्रकृति के सिद्धांतों को पढ़ा कि कैसे आत्मा का विकास होता है, उसी प्रकार यह सूत्र उनके प्रति और ज्ञान बढ़ाने में सहायक है। ब्रह्मांड पृथ्वी, जल, अग्नि, वायु और आकाश तत्त्वों से बना है। प्रत्येक तत्त्व के पाँच गुण होते हैं—यानी स्थूल, स्वरूप, सूक्ष्म, अन्वय और अर्थवत्त्व। स्थूल तत्त्वों में ठोस, प्रवाह, गरम, गति और मात्रा का गुण होता है। तत्त्वों के सूक्ष्म अंगों में गंध, स्वाद, रूप, स्पर्श और ध्वनि का गुण होता है। स्थूल और सूक्ष्म तत्त्वों में गुणों (सत्त्व, रज और तम) का वास होता है तथा उनका उद्द्देश्य मनुष्य को संसार के सुखों का अनुभव कराना या फिर इच्छाओं से मुक्त कराना है।

शरीर का धन

ततोऽणिमादिप्रादुर्भावः कायसम्पत्तद्धर्मानभिघातश्च ॥ 46 ॥

ततः—उसका; अणिमादि—सूक्ष्मता जैसी शक्तियाँ; प्रादुर्भावः—प्रकट होना; काय शरीर; संपत—सिद्धि, धन; तद्—उनका; धर्म—गुण; अनभिघातः—बिना विरोध; च—और।

तत्त्व और उनके आणविक गुणों पर सिद्धि प्राप्त कर योगी सिद्धहस्तता और क्षमता के रूप में शरीर का धन प्राप्त कर लेता है, जिससे कि वह अपनी इच्छा से तत्त्वों और उनकी आणविक शक्तियों का प्रयोग कर सकता है।

इस प्रकार के योगी को पृथ्वी के तत्त्व भ्रष्ट नहीं कर सकते हैं; न पानी भिगो सकता है, न अग्नि जला सकती है, न हवा हिला सकती है और न आकाश ऐसे योगी को छिपा सकता है।

यह सूत्र आठ अलौकिक शक्तियों के प्रति समर्पित है, क्योंकि आठ शक्तियाँ ही अष्ट सिद्धियाँ हैं :— 1. अणिमा— एक अणु जितना सूक्ष्म होना, 2. महिमा— असीमित आकार में बड़ा होना, 3. लघिमा— बिना भार का होना, 4. गरिमा— भारी होना, 5. प्राप्ति— कुछ भी और सबकुछ प्राप्त करने की शक्ति, 6. प्राकाम्य— संपूर्ण इच्छा-शक्ति या बल, इच्छा भर से कुछ भी या सबकुछ प्राप्त कर लेना, 7. वशित्व— किसी भी व्यक्ति या वस्तु को वश में कर लेना, 8. ईशत्व— सबकुछ के ऊपर श्रेष्ठता की प्राप्त करना।

ये अष्ट सिद्धियाँ हैं। इन सभी को प्राप्त कर परम योगी ईश्वर से श्रेष्ठ नहीं हो सकता, क्योंकि ईश्वर इन शक्तियों को देनेवाले हैं। इसलिए भगवान् सबसे श्रेष्ठ हैं। एक भक्त के लिए इन सारी शक्तियों का कोई अर्थ नहीं होता, क्योंकि उसका मन ईश्वर-प्रणिधान— ईश्वर के प्रति समर्पण— पर होता है, जो किसी भी परम योगी का सर्वश्रेष्ठ लक्ष्य होता है।

यह सूत्र अलौकिक शक्तियों के साथ-साथ पंच तत्त्वों (गंध, स्वाद, आकार, स्पर्श और शब्द) के आणविक गुणों (तनमात्रों) की भी चर्चा करता है।

पिछले सूत्र में तत्त्वों पर विजय (भूतजय) पर चर्चा की गई। यह न केवल अलौकिक अष्ट सिद्धियों की बात करता है, बल्कि तत्त्वों के आणविक गुणों पर विजय की भी व्याख्या करता है; क्योंकि अणु और अणिमा का अर्थ प्रकृति के साथ-साथ सूक्ष्मता (अणिमादि) भी है।

इसके बाद के सूत्र शरीर के धन, इंद्रियों तथा मन पर तथा आत्मा

पर नियंत्रण की चर्चा करते हैं। इस प्रकार मुझे लगता है कि यह सूत्र पंच तन्मात्रों के लिए भी है।

विस्तार से यह बताने के पश्चात् कि कैसे एक योगी पाँच तत्त्वों (पृथ्वी, जल, अग्नि, वायु और आकाश) तथा तत्त्वों के पाँच आणविक गुणों (गंध, स्वाद, आकार, स्पर्श और ध्वनि) पर नियंत्रण करता है, पतंजलि अगले सूत्र में शरीर और उसके गुणों की व्याख्या करते हैं। शरीर कर्म करनेवाले अंगों—कर्मेंद्रियों, ज्ञानेंद्रियों, मानस, बुद्धि, चित्त और आत्मा से बना होता है।

पतंजलि शरीर के धन (काय संपत) की व्याख्या करते हैं।

सुंदर शरीर की प्राप्ति

रूपलावण्यबलवज्रसंहननत्वानि कायसंपत्॥ 47॥

रूप—सुंदर रूप; लावण्य—सुंदरता; बल—शक्ति; वज्र—बिजली, हीरा—संहननत्वानि—कद-काठी; काय—शरीर; संपत्—सिद्धि, धन।

एक सिद्ध योगी सुंदरता, आकर्षण, लावण्य, लय, बल से सुगठित शरीर और कठोरता के साथ ही हीरे जैसी चमक से संपन्न होता है।

इंद्रियों पर विजय

ग्रहणस्वरूपास्मितान्वयार्थवत्त्वसंयमादिन्द्रियजयः॥ 48॥

ग्रहण—समझने की शक्ति; स्वरूप—चेहरा, रूप; अस्मिता—अहम्, स्वाभिमान; अन्वय—संगम; अर्थत्त्व—उद्देश्यपूर्ण; संयमाद्—बाधा से; इंद्रिय—बुद्धि; जयः—विजय।

एक सिद्ध योगी मस्तिष्क में मन और चेतना की बुद्धि का समन्वय ज्ञान करानेवाली इंद्रियों, अस्मिता और गुण से करवाकर इन सभी को अपने वश में कर लेता है।

वैयक्तिक मानस से विश्व मानस तक

ततो मनोजवित्वं विकरणभावः प्रधानजयश्च ॥ 49 ॥

ततोः—इससे; मनोजवित्वं—मन की तेजी; विकरणभावः—परिवर्तन का भाव; प्रधान—पहला कारण; उत्कृष्ट; जयः—सिद्धि; च—और।

ज्ञान करानेवाली इंद्रियों पर नियंत्रण से मन पर विजय प्राप्त की जाती है, जिससे योगी के शरीर और उसके मन की गति का आपस में मेल होता है। इस प्रकार वैयक्तिक मन अपने आपको विश्व मानस या ब्रह्मांडीय चेतना में परिवर्तित कर लेता है और फिर मौलिक तत्त्व में मिलकर नियंत्रण पा लेता है।

45 से 49 तक के सूत्र साधन पाद के सूत्र 19 की चर्चा विस्तार से करते हैं, जिसमें विशेष, अविशेष, लिंग और अलिंग का एक क्रमिक रूप में वर्णन है।

एक सिद्ध योगी ज्ञान का स्वामी बन जाता है

सत्त्वपुरुषान्यताख्यातिमात्रस्य सर्वभावाधिष्ठातृत्वं सर्वज्ञातृत्वं च ॥ 50 ॥

सत्त्व—शुद्ध; पुरुष—आत्मा; अन्यता—भेद; ख्याति—ज्ञान को समझना; मात्रस्य—केवल उसका ही; सर्व—सभी; भाव—प्रकटीकरण; अधिष्ठातृत्वं—श्रेष्ठता; सर्वज्ञातृत्वं—संपूर्ण ज्ञान या सर्वज्ञानी; च—और।

सिद्ध योगी सिर्फ प्रकृति की परिष्कृत बुद्धि और आत्मा की सदा तेजमयी रहनेवाली बुद्धि के बीच भेद को समझता है। इस शक्ति से वह सर्वज्ञान, असीमित शक्ति और सर्वज्ञता की श्रेष्ठता को प्राप्त कर लेता है।

कैवल्य का मार्ग

तद्वैराग्यादपि दोषबीजक्षये कैवल्यम् ॥ 51 ॥

तद्वैराग्यात्—उनसे अनासक्ति, उनके प्रति निरपेक्ष भाव; अपि—भी;

दोष—कमी; क्षय—नष्ट; कैवल्यम्—नितांत एकाकीपन, शाश्वत मुक्ति।

सर्वज्ञान, सर्वशक्ति और सर्वज्ञता की सफलता प्राप्त करने के बाद योगी को सारे दोषों और बंधनों के बीज को नष्ट कर देना चाहिए, ताकि वह शाश्वत मुक्ति के पथ पर बढ़ सके और सांसारिक इच्छाओं के चंगुल से मुक्त हो जाए।

योगभ्रष्ट हो जाने की आशंका (यौगिक कृपा के पथ से पतन)

स्थान्युपनिमन्त्रणे सङ्गस्मयाकरणं पुनरनिष्टप्रसङ्गात्॥ 52॥

स्थानि—एक स्थान; पद, देवता; उपनिमन्त्रणे—निमंत्रित किए जाने पर; संग— साथ आना; स्मय—आश्चर्य, मुसकान, अकरणं—निष्क्रियता; पुनः—फिर से; अनिष्ट—प्रतिकूल; प्रसङ्गात—संबंध।

इन सभी स्थितियों को प्राप्त कर लेने के पश्चात् सिद्ध योगी को इन उपलब्धियों से अनासक्त रहने और इस बात से सतर्क रहने की आवश्यकता होती है कि सांसारिक जीव उसे गलत रास्ते पर न ले जाएँ, जिसका कि वे भरसक प्रयास करते हैं। उन्हें अपनी रक्षा करनी पड़ती है और ध्यान रखना पड़ता है कि वे अवांछित शक्तियों के जाल में न फँस जाएँ और योग में अपने अंतिम लक्ष्य से न भटक जाएँ।

पतंजलि ने अनेक स्थानों में उन गड्ढों को दिखाया है, जो यौगिक सिद्धों के सामने आते हैं। वह उनके संबंध में चेतावनी देते हैं, जिससे कि वे उनसे दूर रहें (विश्वामित्र की कथा याद ही होगी, जिन्हें मेनका ने वासना के जाल में फँसाया था)। पतंजलि हमें बताते हैं कि हमें इन अलौकिक शक्तियों का शिकार नहीं बनना है, बल्कि यह विचार कर सच्चा प्रयास करते हुए आगे बढ़ना है कि इन शक्तियों से परे भी एक परम शक्ति है।

आध्यात्मिक ज्ञान की परिभाषा

क्षणतत्क्रमयोः संयमाद्विवेकजं ज्ञानम्॥ 53॥

क्षण—एक पल; तत्—इसका; क्रमयोः—क्रम, शृंखला; संयमात्—ध्यान स्थिर करने से; विवेकजं—उच्च बुद्धिमत्ता; ज्ञानम्—ज्ञान।

उस क्षण और उसके बाद के क्षणों के बीच संपर्क को टूटने न देकर यदि योगी सिर्फ पलों के निरंतर प्रवाह पर ध्यान केंद्रित रखता है तो वह अपने आपको समय, स्थान या अवधि की सीमाओं से मुक्त कर लेता है तथा श्रेष्ठतम ज्ञान की प्राप्ति कर लेता है।

असीमित बुद्धि

जातिलक्षणदेशैरन्यतानवच्छेदात् तुल्ययोस्ततः प्रतिपत्तिः॥ 54॥

जाति—वर्ग, वंश; लक्षण—विशेष गुण; देशैः—स्थान, पद; अन्यता—अन्यथा; अनवच्छेदात्—जो बँधा नहीं है; तुल्यायोः—एक ही वर्ग या प्रकार का; ततः—जिससे; प्रतिपत्तिः—समझ, ज्ञान।

इस ज्ञान के फलस्वरूप योगी दो वस्तुओं के बीच उनकी श्रेणी, जाति, गुण, स्थान और अवधि (III.26 भी देखें) की समानता के बाद ही बिना चूक और दोष के अंतर कर पाने में सक्षम हो जाता है।

तारक ज्ञानम् : उच्च बौद्धिक ज्ञान

तारकं सर्वविषयं सर्वथाविषयमक्रमं
चेति विवेकजं ज्ञानम्॥ 55॥

तारकं—दीप्तिमान, अतिउत्तम; सर्व—सभी; विषयम्—वस्तु; सर्वथा—सभी प्रकार से; अक्रमं—बिना क्रम के; च—और; इति—यह; विवेकजं ज्ञानम्—श्रेष्ठ ज्ञान, पवित्र बौद्धिक ज्ञान।

यह उच्च, दीप्तिमान, शुद्ध और स्पष्ट ज्ञान—अब तक जिस ज्ञान की

चर्चा हुई—उससे पूरी तरह भिन्न है। यह ज्ञान पूर्ण रूप से स्वतंत्र है, क्योंकि यह व्यक्ति को सारी अभिलाषा की वस्तुओं से मुक्त होने का मार्ग दिखाता है।

सहज बुद्धि से स्वयं प्रकाश बुद्धि की ओर

सत्त्वपुरुषयोः शुद्धिसाम्ये कैवल्यमिति॥ 55॥

सत्त्व—शुद्ध, दीप्तिमान चेतना; पुरुषयोः—आत्मा; शुद्धि—शुद्धता; साम्ये—समान होना; कैवल्यम्—संपूर्ण निजता, विशुद्ध मुक्ति; इति—यह।

जब सहज ज्ञान को परिशुद्ध किया जाता है, तब यह अपने आपको परिवर्तित कर ईश्वर के दीप्तिमान ज्ञान के समान हो जाता है। यह श्रेष्ठ ज्ञान योगी को प्राप्त होता है। इस ज्ञान की प्राप्ति से उन्हें ऐसी विशुद्ध दशा प्राप्त होती है, जो केवल से कैवल्य (स्थानांतरगम) का अनुभव कराती है। इस दशा में आकर योगी प्रेक्षक (जो देखता है) के साथ ही साक्षी भी बन जाता है।

॥ इति विभूति पादः॥

इस प्रकार योग साधना से प्राप्त योग धन या सिद्धियों की व्याख्या के साथ तीसरे अध्याय है विभूति पाद की समाप्ति होती है।

□

कैवल्य पाद

मुक्ति और उद्धार पर

इस अध्याय को योग का वेदांत या यौगिक ज्ञान का अंतिम लक्ष्य भी माना जाता है। वेदांत का अर्थ ज्ञान का अंत है, जिससे शाश्वत ज्ञान की प्राप्ति होती है।

विभूति पाद में पतंजलि ने हमें न केवल समभाव की प्राप्ति का रास्ता दिखाया, बल्कि यह भी बताया कि शाश्वत ब्रह्म ज्ञान की प्राप्ति कैसे की जाए, जिससे कि हम पूर्णतया (पूर्णम्) और एकांत अवस्था (केवलावस्था) की मिश्रित दशा में रह सकें।

मोह का अंत ही मोक्ष है। मोक्ष मुक्ति की ऐसी दशा है, जिसमें लोभ, मोह, क्रोध, आकर्षण, घमंड और ईर्ष्या जैसे भावनात्मक उतार-चढ़ावों से मुक्ति मिल जाती है। मोह जब समाप्त हो जाता है तो कैवल्य की अवस्था प्राप्त होती है, जहाँ सत्-चित्-आनंद की दशा का अनुभव किया जा सकता है।

पूर्वजन्मों की सफलताओं से जन्म लेनेवाले व्यक्ति

जन्मौषधिमन्त्रतपस्समाधिजाः सिद्धयः ॥ 1 ॥

जन्म—नया जीवन लेना; औषधि—औषधीय पौधा; मंत्र—मंत्रोच्चार, सम्मोहन; तपः—एक तपस्वी, भक्तिपूर्ण अभ्यास; समाधि—गहन ध्यान; जाः—जन्म; सिद्धयः—उपलब्धियाँ।

यौगिक सिद्धियों का अनुभव या दर्शन कुछ लोगों में जन्म के समय किया जा सकता है या औषधियों या जड़ी-बूटियों या पवित्र मंत्रोच्चार अथवा आत्म-अनुशासन से तप और समाधि की दशा को प्राप्त किया जा सकता है।

पतंजलि ने सिद्धों के पाँच वर्गों का वर्णन किया है, जिन्होंने पूर्वजन्म में उपलब्धियों से साधना की अवस्था को प्राप्त किया है। ये ऐसे सिद्ध पुरुष होते हैं, जो अपनी आध्यात्मिक यात्रा में उपलब्धि की अंतिम दशा को प्राप्त करने के लिए फिर से जन्म लेते हैं।

यदि हम पीछे लौटें और साधन पाद के सूत्र 12,13, 14 और 15 का स्मरण करें तो हमें कर्मों के फलों की झलक मिलती है, जो जन्म की श्रेणी, जीवन की अवधि और अच्छे व बुरे प्रभावों तथा भावों के रूप में प्राप्त होती है। इन सूत्रों के आधार पर व्यक्ति सूत्र के महत्त्व को समझ सकता है, जो पूर्वजन्म की उनकी यौगिक साधना को बुद्धिमान योगाभ्यर्थियों के रूप में इस जन्म में आगे बढ़ाने के लिए जन्म के पाँच वर्गों का वर्णन करता है।

प्रकृति की शक्ति

जात्यन्तरपरिणामः प्रकृत्यापूरात् ॥ 2 ॥

जात्यन्तर—जन्म का परिवर्तन, जीवन की एक और दशा; परिणामः—परिवर्तन; प्रकृति—प्रकृति की शक्ति; आपूरात्—पूर्ण होना, प्रचुर प्रवाह।

इन सिद्ध पुरुषों में प्रकृति की शक्ति का प्रचुर प्रवाह होता है, जिसके कारण वे ब्रह्म की, ब्रह्म द्वारा और ब्रह्म के लिए की पूर्ण दशा में रहते हैं।

मैं समझता हूँ कि प्रकृति की शक्ति की यह आपूरित शक्ति और कुछ नहीं, बल्कि वह कुंडलिनी शक्ति है, जिसका वर्णन योग की अन्य पुस्तकों में किया गया है।

इस आपूरित शक्ति का उपयोग

निमित्तमप्रयोजकं प्रकृतीनांवरणभेदस्तु ततः क्षेत्रिकवत् ॥ 3 ॥

निमित्तं—घटनात्मक, सहायक; अप्रयोजकं—अनुपयोगी, व्यर्थ; प्रकृतीनां—स्वाभाविक प्रवृत्तियाँ, क्षमताएँ; वरणभेदः—आवरण, बाधाएँ; तु—किंतु उसके विपरीत; ततः—उससे; क्षेत्रिकवत्—किसी किसान के समान।

यदि प्रकृति की इस शक्ति का प्रयोग और उसकी क्षमता का उपयोग सही तरीके से नहीं किया तो ये आध्यात्मिक प्रगति के मार्ग में बाधाएँ उत्पन्न कर सकती हैं। ऐसी बाधाओं को दूर करने के लिए सही साधना आवश्यक है। प्रत्येक साधक को किसी किसान के समान बुद्धि से कार्य करना चाहिए, जो खेतों के बीच छोटे-छोटे बाँध या मेंड़ बना देता है, जिससे कि उसमें उचित मात्रा में पानी जमा हो सके और फिर मिट्‌टी में पानी सोखने के पश्चात् वह उन बाँधों या मेंड़ों को तोड़कर दूसरे खेतों की ओर पानी को मोड़ देता है।

इस प्रचुर प्रवाहवाली आपूरित प्रकृति को यदि सही दिशा में मोड़ा नहीं गया तो इसका लाभ नहीं मिलेगा। इससे व्यक्ति का स्वास्थ्य बिगड़ सकता है, तंत्रिका तंत्र में असंतुलन से मनोचिकित्सकीय समस्याएँ उत्पन्न हो जाएँगी, जिससे मतिभ्रम होने लग जाएगा (देखें I.30, 31 और IV.28)।

इसलिए, पतंजलि किसानों का उदाहरण दे रहे हैं, जो खेतों में बाँध या मेंड़ बनाते हैं तथा पानी को एक खेत से दूसरे खेत तक पहुँचाने के लिए उन बाँधों या मेंड़ को इस प्रकार बनाते हैं और तोड़ते जाते हैं, जिससे कि खेतों में पानी सोख लेने पर उनके लिए हल चलाना, खर-पतवार निकालना आसान हो जाए और वे सर्वोत्तम पैदावार के लिए उच्चतम कोटि के बीजों की बुआई कर सकें। पतंजलि चाहते हैं कि योगियों में किसानों जैसी चतुराई हो, जिससे कि वे उसी प्रकार

आसनों, प्राणायामों और बाँधों का निर्माण कर अपनी प्रचुर शक्ति को अपनी इच्छा से एकत्र और मुक्त कर योग के अंतिम लक्ष्य को प्राप्त करें, जैसाकि एक किसान अपने कार्य को सिद्ध करता है।

अस्मिता चित्त (चेतना की विशुद्ध स्थिति)

निर्माणचित्तान्यस्मितामात्रात् ॥ 4 ॥

निर्माण—स्वरूप लेना, मापना, तैयार करना; चित्तानि—चेतना के क्षेत्र; अस्मिता—व्यक्तिवादिता की भावना; मात्रात्—केवल उसी से।

निर्मित या सृजित चेतना का निर्माण शुद्ध अस्मिता की भावना से ही होता है।

इस सूत्र में सृजित, सकारात्मक और विकसित चेतना के पहलुओं, जैसे अहंकार, बुद्धि और मन की व्याख्या की गई है।

यहाँ पतंजलि उस मौलिक चेतना (निर्मित चित्त) की चर्चा करते हैं, जो अविकसित या अनिर्मित रूप में हो सकती है। यह निर्मित चित्त किसी व्यक्ति की धारणा या विचार करने की विकृति, प्रवृत्ति या मान्यताओं या स्मृति के अनुसार कार्य करती है। हालाँकि, यौगिक अभ्यास से जब इसी निर्मित चित्त को साधकर परिपक्व किया जाता है तो यह स्थिर, पुष्ट चेतना (निर्माण चित्त) का रूप ले लेती है।

यह सृजित चेतना जब पुष्ट हो जाती है, तब यह अस्मिता के तामसिक और राजसिक गुणों से विकसित होती हुई अस्मिता की सात्त्विक चेतना को प्राप्त करती है।

विभूति पाद में पतंजलि ने चेतना की चार अवस्थाओं का वर्णन किया है, यानी व्युत्थान चित्त, निरोध चित्त, प्रशांत चित्त और एकाग्र चित्त।

यहाँ वह चेतना की पाँचवीं अवस्था के विषय में बताते हैं, जो

आलोकित और शुद्ध व्यक्तिगत रूप (सात्त्विक अस्मिता चित्त) है। (I.17 भी देखें)

चित्त को समझना

प्रवृत्तिभेदे प्रयोजकं चित्तमेकमनेकेषाम् ॥ 5 ॥

प्रवृत्ति—आगे बढ़ना, प्रगति करना; भेदे—अंतर; प्रयोजकं—उपयोग, लाभ; चित्तम्—चित्त; एकम्—एक; अनेकेषाम्—अनेक।

चेतना केवल एक होती है। इस चेतना से विचारों के अनेक पहलू सामने आते हैं, जिनसे विभिन्न विचारों और क्रियाओं का निर्माण होता है। इसका अर्थ यह नहीं समझ लेना चाहिए कि व्यक्ति में अनेक मन और चित्त होते हैं।

तत्र ध्यानजमनाशयम् ॥ 6 ॥

तत्र—उनका, इनका; ध्यानजम—ध्यान लगाने से उत्पन्न; अनाशयम्—छवियों और प्रभावों से मुक्त।

यह सूत्र बताता है कि चिंतन और गहन ध्यान से निर्मित चित्त को निर्माण चित्त में परिवर्तित करना संभव है। पतंजलि कहते हैं कि सारी क्रियाओं और गतिविधियों का उद्‌गम स्रोत चेतना की एक ही धुरी है। इस कारण अनेक मन या अनेक चित्त का विचार करना सही नहीं है। गहन ध्यान से जब विचारों के इन अनेकानेक प्रभावों को शांत और मौन कर दिया जाता है, तब चेतना ही बच जाती है।

पतंजलि इस सूत्र की चर्चा 'तत्र' से करते हैं, जिसका अर्थ होता है— वहाँ। संभवत: वे जन्म, सत्त, पवित्र मंत्रोच्चार, अभ्यास में गंभीरता और गहन ध्यान को बताते हैं तथा वे कर्मों से भिन्न हैं, जिन्हें करने से फल की प्राप्ति होती है।

कर्मों के प्रकार

कर्माशुक्लाकृष्णं योगिनः त्रिविधमितरेषाम्॥ 7॥

कर्म—कार्य; अशुक्ल—अश्वेत; अकृष्णं—काला न हो; योगिनः—किसी योगी का; त्रिविधम्—तीन स्तरीय (काला, श्वेत और मिश्रित भूरा); इतरेषाम्—अन्य के लिए।

आमतौर पर प्रतिक्रिया और फल देनेवाले तीन प्रकार के कर्म होते हैं। ये सफेद या पवित्र, काले या बुरे और दोनों के मिले-जुले रूप में होते हैं या पवित्र और बुरे कर्मों के बीच के कर्म होते हैं। ये तीन प्रकार के कर्म सभी में सामान्य रूप से देखे जाते हैं। किंतु एक सिद्ध योगी चौथे प्रकार का कर्म करता है, जो पवित्र, बुरे या इन दोनों के मिले रूप से मुक्त होता है।

ऐसा कहा जाता है कि शुक्ल, कृष्ण या दोनों के मेल से भूरे कर्मों से क्रियाओं और प्रतिक्रियाओं का चक्र बन जाता है, जिनसे मिश्रित या अमिश्रित फल प्राप्त हो जाते हैं। किंतु, यहाँ जिस कर्म की व्याख्या की गई है वह चौथा कर्म है, जिसमें प्रतिक्रियाओं या फल की प्राप्ति नहीं होती है।

ये तीन कर्म उन सभी पर लागू होते हैं, जो प्रकृति के सत्त्व, रज और तम गुणों से दूषित या रंजित हैं; जबकि चौथा प्रकार, जो न श्वेत है, न काला और न भूरा, वह इन गुणों से परे है। केवल यह चौथे प्रकार का कार्य है, पुण्य है; क्योंकि यह मंशाओं, इच्छाओं या परिणामों की आशा से मुक्त होता है। यदि श्वेत कार्य ज्ञान देनेवाला (सात्त्विक) है, भूरा कर्म चमकीला (राजसिक) और काला बुरा है, (तामसिक) तो चौथा प्रकृति के गुणों से परे (गुणातीत) होता है।

जीवन पर कर्मों का कैसा प्रभाव पड़ता है?

ततः तद्विपाकानुणानामेवाभिव्यक्तिर्वासनानाम्॥ 8॥

ततः—उसके बाद; तद्—उनका प्रभाव, क्षमताएँ; विपाक—फलित;

अनुगुणानाम्—उसी प्रकार; एव—केवल; अभिव्यक्तिः—स्पष्टीकरण, प्रकटन; वासनानाम्—इच्छाओं का।

ऊपर जिन तीन कर्मों का वर्णन किया गया है, वे समान रूप से सभी में पाए जाते हैं। तदनुसार, अपना प्रभाव भी किसी व्यक्ति पर छोड़ते हैं। जब परिस्थिति अनुकूल होती है तो वे उसमें इच्छाओं एवं आकांक्षाओं को और भी बढ़ा देती है। (देखें II; 18, 19, 11, 12, 13 और 14)

अतीत की स्मृतियाँ वर्तमान दशा से कैसे जुड़ जाती हैं?

जातिदेशकालव्यवहितानामप्यानन्तर्यं
स्मृतिसंस्कारयोरेएकरूपत्वात् ॥ 9 ॥

जाति—वंश, कुल; देश—स्थान; काल—समय; व्यवहितानाम्—बीच में स्थित, किनारे रखा हुआ; अपि—भी; आनन्तर्यं—अबाध्य, निर्विघ्न; स्मृति—याद; संस्कारयोः—छवियाँ; एकरूपत्वात्—एक रूप में, समान पहचान।

कर्म का सिद्धांत (कारण और परिणाम का सिद्धांत) प्रत्येक जीवन में अनवरत कार्य करता है, भले ही प्रत्येक जीवन वंश या श्रेणी, काल और स्थान के अनुसार भिन्न होता है।

अनवरत उठनेवाली इच्छाएँ स्मृति में अपनी पैठ बना लेती हैं, जो संस्कारों का रूप लेकर आनेवाले जीवन को प्रभावित करती हैं। इस कारण ही बीते जीवन की यादें वर्तमान जीवन की दशा में तदनुसार भूमिका निभाती हैं; जबकि वर्तमान जीवन (स्थान, समय और वंश के आधार पर) अतीत से भिन्न होता है। उदाहरण के लिए, यदि कोई विभिन्न जीवनों से होता हुआ मनुष्य के रूप में जीवन लेता है तो अतीत की यादें तुरंत उससे जुड़ जाती हैं, भले ही उनके बीच कितने ही जीवन क्यों न गुजर गए हों।

प्रकृति और पुरुष के बीच अंतर

तासामनादित्वं चाऽऽशिषो नित्यत्वात्॥ 10॥

तासाम्—वे छवियाँ; अनादित्वं—बिना शुरुआत; च—और; आशिषः—इच्छाएँ; नित्यत्वात्—स्थायी।

यद्यपि प्रकृति और पुरुष शाश्वत हैं, फिर भी प्रकृति में परिवर्तन होते रहते हैं; जबकि पुरुष में ऐसा नहीं होता है।

सारी इच्छाओं और आकांक्षाओं का जन्म जीवन के प्रति आकर्षण और शाश्वत जीवन जीने की इच्छा (अभिनिवेष) के कारण होता है। जब तक अविद्या रहती है, तब तक इच्छाओं और संस्कारों की छाप स्थायी रूप से बनी रहती है।

स्मृतियों और इच्छाओं से मुक्त होने के उपाय

हेतुफलाश्रयालम्बनैः संगृहीतत्वादेषामभावे तदभावः॥ 11॥

हेतु—कारण, मंशा; फल—प्रभाव, परिणाम; आश्रय—सहारा, शरण; आलम्बनैः—पर निर्भर, आश्रित; संगृहीतत्वात्—एक साथ जुड़ा; एषाम्—इनका; अभावे—अनुपस्थिति में; तद्—इनका, उनका; अभावः—लुप्त होना।

इच्छाएँ और आकांक्षाएँ अपने प्रभाव से शाश्वत रूप से जुड़ी रहती हैं। फिर भी, कारण और परिणाम के सिद्धांतों से बचने के लिए चेतना को दूर रखकर इन्हें सक्रिय होने से रोका जा सकता है।

यह सूत्र बताता है कि यदि व्यक्ति कर्मों के फल से उदासीन और मुक्त रहे तो इच्छाओं और आकांक्षाओं से अपने आपको दूर रख सकता है।

पतंजलि ने कहा कि प्रकृति या पुरुष दोनों शाश्वत हैं, किंतु प्रकृति के गुण जहाँ परिवर्तित होते हैं, वहीं पुरुष का गुण कभी नहीं बदलता। वह शाश्वत रूप से एक समान ही रहता है।

यदि व्यक्ति केवल चौथे प्रकार के कर्मों को ही करता है तो यह संभव

है कि ऐसे चरित्र का निर्माण हो, जो इच्छाओं को दूर कर दे और उन स्मृतियों को भी दूर रखे, जो स्वतः समाप्त हो जाएँ और व्यक्ति सदा अपने मूल स्वरूप में बना रहे।

समय को समझकर व्यक्ति बंधनों से मुक्त हो जाता है

अतीतानागतं स्वरूपतोऽस्त्यध्वभेदाद् धर्माणाम्॥ 12॥

अतीत—बीता समय; अनागतं—भविष्य; स्वरूपतो—अनिवार्य रूप; अस्ति—अस्तित्व; अध्वभेदात्—परिस्थिति के भिन्न होने पर; धर्माणाम्—अंतर्निहित गुण।

अतीत और भविष्य का अस्तित्व वर्तमान के समान ही वास्तविक होता है। केवल एक अंतर यह होता है कि अतीत में हुआ निर्माण वर्तमान में मिल जाता है, जबकि भविष्य अनिर्मित स्थिति में होता है।

अतीत को जान लिया गया है, वर्तमान को जानना जारी है और भविष्य को जानना शेष है। इसका अर्थ यह है कि जिसका अस्तित्व है, उसे कभी समाप्त नहीं किया जा सकता और जो नहीं था, उसे कभी अस्थिर या प्रत्यक्ष रूप नहीं दिया जा सकता।

भूत, वर्तमान और भविष्य समय के पहिए की तीन कमानों के समान हैं, जो समय चक्र में लयबद्ध रूप में एक के बाद एक घूमते रहते हैं। अतीत वर्तमान में मिल जाता है, जबकि वर्तमान भविष्य में समा जाता है; किंतु क्षण अपरिवर्तनीय और शाश्वत होता है। यह क्षण, जो वास्तव में अपरिवर्तनीय होता है, वह घूमता है और क्षणों की गति का रूप लेकर काल की अनंतता को समयबद्धता के रूप में दिखाता है।

एक बुद्धिमान व्यक्ति समय की लय का अध्ययन कैसे करता है?

ते व्यक्तसूक्ष्माः गुणात्मानः ॥ 13 ॥

ते—वे (अतीत, वर्तमान, भविष्य); व्यक्त—प्रकट; सूक्ष्माः—गूढ़; गुणात्मानः—गुणों की प्रकृति।

अतीत, वर्तमान और भविष्य प्रकृति के दायरे या प्रभाव के अंतर्गत हैं। समय के बाद ये तीन चरण आपस में तथा गुणों के साथ लयबद्ध रूप में गुँथे रहते हैं। समय के ये तीन चरण प्रकृति के तीनों गुणों के साथ लयबद्ध रूप से गूँथे जाते हैं। इस कारण गुणों के साथ-साथ समय (काल) को जान लेने में ही बुद्धिमानी है।

परिणामैकत्वात् वस्तुतत्त्वम् ॥ 14 ॥

परिणाम—सुधार, बदलाव; एकत्वात्—एक हो जाने के कारण; वस्तु—वस्तु; तत्त्वम्—जुड़ा तत्त्व।

वस्तु या विषय का गुण परिवर्तित नहीं होता है। यह पुरुष और प्रकृति के साथ एक समान रहता है। प्रकृति के साथ सत, रज और तम (गुण) समाहित रहते हैं। जिस प्रकार गुण एक-दूसरे से जुड़े रहते हैं, उसी प्रकार अतीत, वर्तमान और भविष्य काल भी आपस में जुड़े रहते हैं।

प्रकृति के गुण और समझ के पल लयबद्ध रूप में चलते हैं। इनके कारण परिवर्तन आते हैं। इस कारण प्रत्येक व्यक्ति किसी समय में उस दौरान चल रहे गुणों के कारण किसी वस्तु को विभिन्न रूपों में देखता है।

यदि व्यक्ति ज्ञान (विवेकिन्) है तो वह परिवर्तन को देखता है, किंतु यह भी समझता है कि तत्त्व या उसका गुण विशिष्ट बना रहता है।

उदाहरण के लिए, हमारे अभ्यास में आसन करने की वस्तु है और प्राणायाम में श्वास वस्तु का कार्य करती है। जो इसे करता है,

वह विषय होता है। प्रत्येक व्यक्ति इच्छाओं और मंशाओं के अनुसार अपनी मनोदशा के अनुरूप इन वस्तुओं को भिन्न रूपों में देखता है। यदि व्यक्ति अपनी इच्छाओं और आकांक्षाओं को एक तरफ रखकर पूर्ण समर्पण से अभ्यास करता है तो शक्ति का प्रभाव (प्राण-शक्ति) और पुरुष का ज्ञान (चित्त-शक्ति) एक होकर पैर के तल से मस्तिष्क के शिखर तक लयबद्ध रूप में पूरे शरीर में विचरण करते हैं। फिर इस अभ्यास से न केवल विषय और वस्तु एक हो जाते हैं, बल्कि उनका भेद भी मिट जाता है। इससे व्यक्ति को उनके वास्तविक गुण की पहचान करने में मदद मिलती है।

धारणा और कल्पना में अंतर क्यों होता है?

वस्तुसाम्ये चित्तभेदात्तयोर्विभक्तः पन्थाः ॥ 15 ॥

वस्तु—वस्तु; साम्ये—एक समान होना; चित्त—चेतना; भेदात्—भिन्न होना; तयोः—इन दो का; विभक्तः—भिन्न, बँटा हुआ; पन्थाः—मार्ग, होने के तरीके।

विषय भी वस्तु के समान ही वास्तविक होता है। इसी प्रकार, वस्तु भी विषय जितना ही सच्ची होती है। किसी व्यक्ति की अपनी प्रगति और बुद्धि के तरंगदैर्घ्य की गुणवत्ता के कारण उसकी धारणा और कल्पना में अंतर आ जाता है। यद्यपि वस्तु निरंतर वैसी ही रहती है, तथापि अपनी बौद्धिक क्षमताओं के कारण वस्तु को देखने और समझने में अंतर आ जाता है।

सही प्रकार से न समझने पर वस्तु का क्या होता है?

न चैकचित्ततन्त्रं चेद् वस्तु तदप्रमाणकं तदा किं स्यात् ॥ 16 ॥

न—नहीं; च—और; एकचित्त—एक चेतना; तन्त्रं—निर्भर; वस्तु—वस्तु; तत्—वह; अप्रमाणकं—अनदेखा, अनजाना; तदा—तब; किं—क्या; स्यात्—जो होगा।

वस्तु और विषय दोनों का अस्तित्व होता है। वस्तु किसी बुद्धि या चेतना द्वारा पहचाने जाने पर निर्भर नहीं रहती है। यदि बुद्धि या चेतना वस्तु की पहचान नहीं करती तो इसका अर्थ यह नहीं कि उस वस्तु का अस्तित्व नहीं है। वस्तु का अस्तित्व होता है, चाहे चित्त उसे देखे या नहीं।

किंतु प्रश्न यह है कि यदि चेतना वस्तु की पहचान नहीं कर पाती है तो उसका क्या होता है? यदि घड़ी की टिक-टिक कोई नहीं सुनता तो इसका मतलब यह नहीं कि वह नहीं चलती। अनदेखा किए जानेवाली वस्तु के साथ भी ऐसा ही होता है।

चित्त के ज्ञान के बिना भी वस्तुओं का अस्तित्व होता है

तदुपरागापेक्षित्वात् चित्तस्य वस्तु ज्ञाताज्ञातम्॥ 17॥

तद्—उसके द्वारा; उपराग—अनुकूलन; अपेक्षित्वात्—आकांक्षा, इच्छा, चाह; चित्तस्य—चेतना के द्वारा; ज्ञात—जाना हुआ; अज्ञातम्—अनजाना।

वस्तु का चेतना से एक अलग अस्तित्व होता है। यह ज्ञात या अज्ञात हो सकती है, जो व्यक्ति की बुद्धि और चेतना पर निर्भर करता है। यदि चेतना वस्तु को देखती है तो वह दिखती है, यदि नहीं तो यह अर्थ नहीं कि वह नहीं है। यह बस अनदेखी रह जाती है।

चेतना न तो पुरुष है और न ही आत्मा; किंतु यह पुरुष या आत्मा का दर्पण है, इस कारण यह सर्वव्यापी नहीं हो सकती। इसलिए इसकी शक्ति सीमित या निश्चित होती है। यदि यह वस्तु को नहीं देखती तो इसका मतलब यह नहीं कि वस्तु का अस्तित्व नहीं है। यह ज्ञात रहता है। यदि चेतना वस्तु को आकर्षित करती है, तब दोनों का संपर्क होता है। यदि यह एक निश्चित दशा से वस्तु को देखती है तो यह वस्तु को स्पष्ट और सही रूप में नहीं जान पाती है। बिना पूर्व निर्धारित विचारों से देखने पर यह बिना अपवर्तन से ही परावर्तन के साथ दिखती है।

पुरुष अपरिवर्तनीय है

सदा ज्ञाताश्चित्तवृत्तयस्तत्प्रभोः पुरुषस्यापरिणामित्वात्॥ 18॥

सदा—सदैव; ज्ञाताः—जाना हुआ; चित्तवृत्तयः—चेतना का भटकाव; तत्प्रभोः—इसके ईश्वर का; पुरुषस्य—आत्मा का; अपरिणामित्वात्—अपरिवर्तनशीलता के कारण।

पुरुष ही चेतना का स्वामी है। वह न तो भटकता है, परिवर्तित या उलझनों में पड़ता है, बल्कि सदा के लिए अपरिवर्तनशील रहता है। चेतना का स्वामी होने के कारण वह चेतना के स्वभाव को जानता है।

पुरुष अपरिवर्तनशील रहता है तथा चेतना सदैव परिवर्तनशील होती है। चूँकि पुरुष अटल होता है, वह चेतना की गतिविधियों से अवगत रहता है। इस कारण वह चित्त से विशेष और अलग होता है।

न तत्स्वाभासं दृश्यत्वात्॥ 19॥

न—नहीं; तत्—वह; स्वाभासं—अपने ज्ञान से आलोकित; दृश्यत्वात्—जाने जाने के कारण, समझे जाने की क्षमता।

जिस प्रकार बोध करानेवाली इंद्रियाँ और मन चेतना के दर्पण का कार्य करते हैं, उसी प्रकार चेतना पुरुष का दर्पण होती है। पुरुष को कार्य करने या अपनी झलक दिखाने की आवश्यकता नहीं पड़ती, क्योंकि वह स्वयं आलोकित होता है, जबकि चेतना में अपना आलोक नहीं होता।

पहली बार पतंजलि ने चेतना (चित्त) को इसके सही रूप में परिभाषित किया है। वह कहते हैं कि इंद्रियों के रूप में मन, बुद्धि, अहं और बाह्य वस्तुएँ चेतना के लिए ज्ञात वस्तुएँ हैं; उसी प्रकार चेतना पुरुष की जानी हुई वस्तु है। पुरुष में अपना आलोक होता है, जबकि चेतना में ऐसा नहीं है।

चेतना पूर्ण समग्र नहीं है

एकसमये चोभयानवधारणम् ॥ 20 ॥

एकसमये—एक ही समय पर; च—और; उभय—दोनों का; अनवधारणम्—जो नहीं समझ सकता।

चेतना स्वयं और पुरुष को एक ही समय पर नहीं समझ सकती, जबकि पुरुष सभी को एक ही समय में समझ सकता है। पुरुष विषय-वस्तु, दर्शक-दर्शनीय, करता-साक्षी को एक ही समय में समझ सकता है; जबकि चेतना इन्हें एक साथ नहीं समझ सकती।

झील का जल जब शांत होता है, तब उस पर किसी वस्तु का प्रतिबिंब साफ दिखाई देता है। इसी प्रकार यदि चित्त शांत हो, जिसमें विचारों की हलचल न हो, तो इंद्रियों, मन और बुद्धि की बाधाओं के बिना उसमें पुरुष का प्रतिबिंब दिखाई पड़ता है।

क्या चेतना विविध होती है?

चित्तान्तरदृश्ये बुद्धिबुद्धेरतिप्रसङ्गः स्मृतिसंकरश्च ॥ 21 ॥

चित्त—चेतना; अन्तरदृश्ये—जानने योग्य; बुद्धिबुद्धेः—पहचान किए जानेवाले की पहचान; अतिप्रसंगः—उद्दंडता, अनुशासनहीनता; स्मृति—स्मरण; संकरः—भ्रम; च—और।

यद्यपि चेतना में भटकाव, बदलाव और उतार-चढ़ाव अनेक प्रकार से होते हैं, फिर भी वह एक ही होती है; किंतु अज्ञानी व्यक्ति इन परिवर्तनों को समझ नहीं पाते और सोचते हैं कि चेतना विविध होती है। यदि चेतना अनेक होती तो अहंकार, बुद्धि और मन भी अनेक होते। इनमें से प्रत्येक को अपनी याददाश्त बनानी पड़ती, जिसका अंत उद्दंडता, अनुशासनहीनता, भ्रम में होना और संभवतः व्यक्ति पागलपन की ओर भी जा सकता था। (देखें IV.5)

चित्त स्वभाव

चितेरप्रतिसंक्रमायास्तदाकारापत्तौ स्वबुद्धिसंवेदनम् ॥ 22 ॥

चित्तेः—पुरुष; अप्रतिसंक्रमायाः—अपरिवर्तनीय; तद्—इसका; आकार—रूप; आपत्तौ—प्राप्त किया, माना गया; स्व—अपना; बुद्धि—विवेक; संवेदनम्—जानता है, मानता है।

सच्ची यौगिक साधना से जब चेतना शुद्ध हो जाती है, तब यह अपनी वास्तविक प्रकृति के साथ ही अपने जड़-मूल को पहचान लेती है। यह परिवर्तित होकर पुरुष का रूप ले लेती है : यही चेतना की पूर्ण दशा है।

पुरुष के दो पहलू हैं। एक पहलू शुद्धता, शांति, अद्वैधता और दिव्यता है। यह सार्वभौमिक पक्ष है। और दूसरा पक्ष तब सामने आता है, जब वह अपने आप को व्यक्ति रूप 'मैं' में परिवर्तित करते हैं, जो परिवर्तनीय, क्षणभंगुर और व्यक्त होता है। हमारा निर्माण तीन तत्त्वों से होता है। वे हैं—साधारण, सूक्ष्म और स्थूल, और इनका कारण हमारी अज्ञानता है। यह साधारण व्यक्तिगत रूप या जीवात्मन, वास्तविक आत्मा या पुरुष होने का अभिनय करता है। अज्ञानता का स्थान जब बुद्धि ले लेती है, तब यह जीवात्मा पुरुष में बदल जाता है और अपने कर्म समाप्त कर देता है। यहाँ से वास्तविक आत्मा या पुरुष प्रकट होता है और चेतना या व्यक्ति पर निर्भर हुए बिना प्रत्यक्ष रूप से कार्य करता है।

चेतना : प्रकृति और पुरुष के बीच की कड़ी

द्रष्टृदृश्योपरक्तं चित्तं सर्वार्थम् ॥ 23 ॥

द्रष्टृ—पुरुष, दृश्य—दिखनेवाला, जानने योग्य; उपरक्तं—छिपा हुआ, प्रतिबिंबित, प्रभावित; चित्तं—चेतना; सर्वार्थम्—समझना, पहचानना।

दृश्य और पुरुष के गहन संपर्क में होने के कारण एक औसत बुद्धिवाले को चेतना सर्वव्यापी लगती है। असल में, बस्तु के गुणों के कारण चेतना को उसे इंद्रियों से पहचानने के कारण भ्रम हो जाता है। इसके संपर्क में आने पर अहं भी प्रभावित हो जाता है। जिस प्रकार समाधि पाद I.4 में कहा गया है, यदि आत्मा अपने ऐश्वर्य का पालन करती है तो वह चेतना के कार्यों का अंग बन जाती है। पुरुष और वस्तु के बीच निकटता के कारण चेतना को लगता है कि वह सब देख और समझ रही है।

चेतना वह पुल है, जो एक तरफ इंद्रियों और दूसरी तरफ पुरुष को जोड़ती है। वस्तु और विषय के बीच की कड़ी होने के कारण इसे दृष्टिगोचर वस्तुओं के गुण प्राप्त करने का लाभ मिलता है, जिसे वह ज्ञानी पुरुष तक ले जाती है। चेतना और पुरुष के बीच इस निकटता के कारण लगता है कि वह सर्वव्यापी है और उसमें सबको समझने की शक्ति है।

हम तीन शरीरों से बने हैं। ये हैं— कारण शरीर, सूक्ष्म शरीर और स्थूल या कार्य शरीर। यदि स्थूल शरीर सूक्ष्म शरीर (चेतना) के लिए वस्तु है तो सूक्ष्म शरीर कारण शरीर के लिए वस्तु है। किंतु कृपया यह ध्यान दें कि चेतना का रूप लिये सूक्ष्म शरीर ही वह है, जो स्थूल शरीर को कारण शरीर से और दूसरे को पहले से जोड़ती है। अज्ञानता के कारण चेतना कड़ी के रूप में अपने कार्य को भूल जाती है और व्यक्ति को यह लगने लगता है कि यह सर्वव्यापी है। किंतु यह पुरुष और प्रकृति के बीच की कड़ी है, इसलिए यह एक ही समय में पुरुष और प्रकृति दोनों नहीं हो सकती।

आत्मा या पुरुष

तदसङ्ख्येयवासनाभिश्चित्रमपि परार्थं संहत्यकारित्वात् ॥ 24 ॥

तत्—वह; असंख्येय—अनेक; वासनाभिः—इच्छाएँ, आकांक्षाएँ;

चित्रम्—से भरा; अपि—यद्यपि; परार्थम्—दूसरे की इच्छा के लिए; संहत्य—निकट रूप से जुड़ा; कारित्वात्—इसके कारण।

चेतना अनेकानेक इच्छाओं और आकांक्षाओं से पूर्ण होती है, क्योंकि वह अतीत के बंधनों में बँधी होती है। यह एक तरफ इंद्रियों के वश में आकर कार्य करती है तो दूसरी तरफ ज्ञान के आलोक से पूर्ण पुरुष के प्रभाव में रहती है। प्रकृति और पुरुष के बीच निकटता के कारण यह पुरुष के ज्ञान से इंद्रियों से प्राप्त सुखों को संतुलित करना चाहती है।

समुद्र में लहरें ज्वार के कारण उठती हैं और जब ज्वार समाप्त हो जाता है तो लहरें शांत हो जाती हैं। यह देखा जा सकता है कि समुद्र की लहरें कभी-कभी शांत और स्थिर हो जाती हैं। विचारों की तरंगें जब शांत हो जाती हैं, तब चेतना अपनी पहचान को समाप्त कर आत्मा के समुद्र में अपने आपको मिला देती है। चेतना जब विचारों की संपूर्ण तरंगों के साथ तट पर ठहर जाती है तो उसके सारे कार्य भी समाप्त हो जाते हैं।

इस प्रकार, पतंजलि इस सूत्र में चेतना के कार्य करने का निष्कर्ष निकालते हैं।

पुरुष का आगमन (अभ्युदय)

विशेषदर्शिनः आत्मभावभावनानिवृत्तिः ॥ 25 ॥

विशेष—विशेष गुण; दर्शिनः—जो देखता है या पुरुष; आत्मभाव—पुरुष का विचार; भावना—भावना; निवृत्तिः—लुप्त होना।

चेतना (चित्त) और उसे अभिव्यक्त करनेवाले आत्मा के बीच भेद को समझ लिया जाता है तो प्रकृति के सारे साधन (चेतना, बुद्धि, मैं निर्माता, मन, धारणा की इंद्रियाँ, कर्म के अंग, तत्त्व और उनके विपरीत अंग) पुरुष

या आत्मा के निर्देश पर कार्य करते हैं।

कृपया ध्यान दें कि पुरुष की विशिष्टता यह होती है कि जब वह चेतना को वश में करने के बाद प्रत्यक्ष रूप से देखता है तो वह अभ्यासी को अपना दर्शन देने के लिए संघर्ष नहीं करवाता है। इसलिए आत्मा या पुरुष का भाव अपने आप समाप्त (आत्मभाव भावना निवृत्तिः) हो जाता है।

उदाहरण के लिए, वर्षा ऋतु में घास पथरीले पहाड़ पर भी ऊँचाई तक उग जाती है और इससे चट्टान में छिपे बीजों का अस्तित्व साबित हो जाता है। इसी प्रकार, योग बीज चेतना के विकसित होने और परिपक्व होने में सहायक होती है, जिससे कि उस दशा तक पहुँचनेवाला योगी पुरुष के विशिष्ट गुणों को देखता है और पुरुष का भाव समाप्त हो जाता है।

कैवल्य (मोक्ष)

इस सूत्र के बाद पतंजलि कैवल्य तक यानी सिद्धि की दशा तक ले जाने वाले मार्ग की व्याख्या करते हैं, क्योंकि चेतना अपने साधनों समेत विषय और वस्तु से अलग हो चुकी है। चेतना की भावना जैसे ही समाप्त हो जाती है, पुरुष के ज्ञान का प्रकाश जाग्रत् हो जाता है।

गुरुत्वाकर्षण की व्याख्या

तदा विवेकनिम्नं कैवल्यप्राग्भारं चित्तम् ॥ 26 ॥

तदा—तब; विवेकनिम्नं—असाधारण ज्ञान का प्रवाह; कैवल्य—मोक्ष; प्राग्—की ओर, भारं—गुरुत्वाकर्षण; चित्तम्—चेतना।

चूँकि सांसारिक इच्छाओं की अस्त-व्यस्त अवस्था से चेतना का परिवर्तन दिव्यता की एक परिपक्व अवस्था में हो चुका है, इसलिए इसे ज्ञान की

असाधारण शक्ति प्राप्त हो गई है और उसका आकर्षण ब्रह्म के प्रकाश की ओर हो रहा है, जिससे कि पुरुष अपने ही ऐश्वर्य में दिखने लगता है।

चेतना की सात अवस्थाओं में से यह सबसे दिव्य अवस्था (दिव्य चित्त) होती है।

छिद्र चित्र

तच्छिद्रेषु प्रत्ययान्तराणि संस्कारेभ्यः ॥ 27 ॥

तत्—वह; छिद्रेषु—एक छिद्र, छेद, दरार; प्रत्यय—की ओर जा रहा, प्रबल इच्छा; अन्तराणि—मध्यकाल, मध्यांतर; संस्कारेभ्यः—धारणा से।

पूर्वजन्म की धारणा की शक्ति से अभ्यासी में चंचलता आ जाती है। इसके कारण चेतना और पुरुष के बीच भेद उत्पन्न होना निश्चित हो जाता है।

यह देखना दिलचस्प है कि आरंभ में जो चेतना भ्रम की स्थिति में थी, वह धीरे-धीरे स्पष्टता और आत्मविश्वास पाकर विकसित होने लगी।

यदि कोई मोक्ष के द्वार तक पहुँचता है तो भी उसके पतन की आशंका बनी रहती है। यह चेतना की पतनोन्मुखी अवस्थाओं में से एक होती है, जिसमें वह आत्मा के द्वार तक पहुँच जाती है।

यह पतन चेतना की सात दशाओं में से एक होती है, जो विभक्त या छिद्रात्मक होती है। योगी को इस बात का ध्यान रखना चाहिए कि आत्मा के तट पर आश्रय लेने के अपने लक्ष्य से चेतना को भटकने न दे।

यह सूत्र उन योगाभ्यासियों के लिए मार्गदर्शन और चेतावनी के समान है कि वे प्रत्येक क्षण सतर्क रहें। ध्यान भंग होने पर चेतना का

पतन हो सकता है और उसमें दरार पड़ सकती है। फिर व्यक्ति को एक बार फिर पतन के इस बिंदु से शुरुआत करनी पड़ती है, जिससे कि वह चेतना और पुरुष के बीच पैदा हुई खाई को पाट सके और उन्हें एक कर सके। (पतंजलि ने अध्याय III.52 में साधकों को यौगिक कृपा की अवस्था तक पहुँचने के बाद सावधान किया।)

साधना में पतन की दशा (योगभ्रष्ट)

हानमेषां क्लेशवदुक्तम्॥ 28॥

हानम्—हानि; एषां—इनका; क्लेश—क्लेशवत्; उक्तम्—कहा गया।

नौसिखिया होने के कारण हमने योग की शुरुआत की और अपने आपको कष्टों एवं उतार-चढ़ावों तथा बाधाओं से बचाने का प्रयास किया। हमने उनसे मुक्ति पाने के प्रयास में प्रगति भी की, फिर भी वे सुषुप्त अवस्था में रहे। चेतना की यह छिद्रात्मक दशा जब आती है तो हमें विश्वास और जोश के साथ चेतना की इस अवस्था को समाप्त करने के लिए फिर से प्रयास करना पड़ता है, जिसने पुरुष के साथ एकाकार होने में बाधा उत्पन्न कर दी।

जिस क्षण अग्नि शांत होती है, जिस क्षण लकड़ी को हटा लिया जाता है, योगी को असाधारण शक्तियों के कारण उत्पन्न विचारों को त्याग देना पड़ता है। इसके बाद उसे ज्ञान को फिर से जगाना पड़ता है, जिससे कि चेतना पुरुष के तेज की ओर बढ़ सके।

प्रसंख्यानेऽप्यकुसीदस्य सर्वथा विवेकख्यातेर्धर्ममेघस्समाधिः॥ 29॥

प्रसंख्याने—बुद्धि की पराकाष्ठा, विकास; अपि—भी; अकुसीदस्य—

इच्छाओं और अनिच्छाओं से मुक्त, प्रेरणा से मुक्ति; सर्वथा—निरंतर, हर समय; विवेकख्याते:—सजग और ध्यान समेत, बुद्धि से; धर्ममेघ:—गुणों की वर्षा के बादल; समाधि:—सर्वश्रेष्ठ, एक होना।

अपनी मरजी और ज्ञान से आलोकित अपनी श्रेष्ठ स्थिति में रहने की अंतिम दशा के प्रति उदासीनता दिखाकर योगाभ्यासी गुणों की वर्षावाले बादल का रूप ले लेता है, जिससे कि वह पवित्रता और प्रसन्नता से कार्य कर वैसी ही समानता बनाए रखे, जैसे कि इनसाफ का तराजू होता है।

यहाँ से पवित्र कर्मों के कारण गुणों के बादल मुसलाधार वर्षा करते हैं, जिससे चेतना से भेदभाव और पक्षपात धुल जाते हैं।

यदि गुणों के बादल से वर्षा नहीं होती तो योगी उस अवस्था में सुस्त पड़ जाता और निष्क्रिय हो जाता। बादल जिस प्रकार सूर्य को ढँक लेते हैं, उसी प्रकार अविद्या से घिरी चेतना पुरुष के प्रकाश को चमकने नहीं देती। अविद्या के इन बादलों को हटाने के लिए साधक को पवित्र कर्म करने होंगे, जिससे कि उसकी चेतना पर गुणों की वर्षा हो और परदा हटने के बाद पुरुष की चमक वैसी ही दिखाई दे, जैसा कि बादल छँट जाने के बाद चमकीला सूरज दिखाई देता है।

यह धर्ममेघ समाधि ऋतंभरा प्रज्ञा, यह सत्य की अनुभूति करानेवाले ज्ञान के समान होती है।

यदि बुद्धि की श्रेष्ठ दशा में शीतलता के इस स्वाभाविक विकास को घमंड से देखा जाए तो इसे शीतलता नहीं माना जाता है। यह अपनी शुद्धता, पवित्रता और पुण्य को खो देती है।

इस कारण योग द्वारा पावन अवस्था को प्राप्त कर लेने के बाद भी अभ्यास जारी रखना चाहिए।

क्लेश का अंत

ततः क्लेशकर्मनिवृत्तिः ॥ 30 ॥

ततः—उसके बाद; क्लेश—कष्ट; कर्म—क्रियाएँ; निवृत्तिः—गायब होना।

फिर कर्मों के कारण होनेवाले सभी कष्टों का अंत हो जाता है।

यहाँ से योगी केवल कष्ट न देनेवाले कार्य करता है और कष्ट-मुक्त विचारों में जीता है। वह अपने आपको न केवल कष्टदायी कर्मों और कष्टदायी विवादों से दूर रखता है, बल्कि यह भी ध्यान रखता है कि वह ऐसे कार्य न करे या न करवाए, जिससे दूसरे प्रभावित हों।

सर्वश्रेष्ठ ज्ञान के गुण

तदा सर्वावरणमलापेतस्य ज्ञानस्याऽऽनन्त्याज्ज्ञेयमल्पम् ॥ 31 ॥

तदा—तब; सर्व—सभी; आवरण—परदा, माहौल; मल—अशुद्धियाँ; आपेतस्य—के बिना, रहित; ज्ञानस्य—ज्ञान का; आनन्त्यात्—अनंतता के कारण; ज्ञेयम्—जानने योग्य; अल्पम्—व्यर्थ।

विकास के इस बिंदु पर ज्ञान और बुद्धि पर परदा डालनेवाले सभी दोष दूर हो जाते हैं और इस कारण अब तक प्राप्त सभी ज्ञान अब तुच्छ लगने लगते हैं।

अब वह योगी, जिसने भेद करनेवालों की पहचान (बौद्धिक समझ और रुझान के साथ किए यौगिक अभ्यास की रोशनी से) कर ली है, वह अविद्या के कारण उत्पन्न होनेवाले भ्रम, धारणा, पूर्व धारणा और पक्षपातों से मुक्त हो जाता है।

तीन गुणों में से तम चेतना पर परदा डाल देता है, जबकि रज उसे कार्य करने के लिए प्रेरित कर देता है।

इस अनंत ज्ञान के कारण 'मैं हूँ' भावना पर सत्त्व की विजय होती है, अहंकार या घमंड चूर हो जाता है, तभी चेतना ब्रह्मांडीय चेतना का रूप ले लेती है, जो पहले प्रकृति और फिर पुरुष में समाहित हो जाती है।

इस प्रकार वह ज्ञान और बुद्धि, जो सीधे पुरुष से प्राप्त होने लगती है, वह पुरुष माध्यमों द्वारा मिलनेवाले ज्ञान को महत्त्वहीन और तुच्छ बना देती है।

आकाश बादलों के बिना जब साफ रहता है, तब हम सूर्य को चमकता देख पाते हैं। उसी प्रकार जब अविद्या के बादल हट जाते हैं, तब पुरुष अपने ज्ञान से चमकता दिखाई पड़ता है।

गुणों की गतिविधि का अंत

ततः कृतार्थानां परिणामक्रमसमाप्तिर्गुणानाम्॥ 32॥

ततः—फिर, के कारण; कृतार्थानां—अपना कर्तव्य पूर्ण करने के बाद; परिणाम—परिवर्तन; क्रम—नियमित प्रक्रिया; समाप्ति—अंत; गुणानाम्—प्रकृति के गुण (सत्त्व, रज, तम)।

मुसलाधार वर्षा के समान गुणों की इस बौछार से एक क्रम में घूमनेवाले प्रकृति के गुण की सभी गतिविधियों का अंत हो जाता है, क्योंकि उद्देश्यों की पूर्ति हो जाती है।

साधन पाद II.22 में पतंजलि ने इस पहलू की व्याख्या उस योगी द्वार किए गए प्रयास की चर्चा से की है, जो अपनी कर्मठता से उस दशा को प्राप्त करता है, जिसमें ये तीनों गुण उस पर कार्य करना बंद कर देते हैं; जबकि वे लोग ऐसा नहीं कर पाते, जो अपनी चेतना को शुद्ध नहीं करते।

इस सूत्र में पतंजलि ने गुणों की क्रिया को शांत करने और उन्हें दूर रखने पर एक बार फिर बल दिया है।

पुरुष के इस दिव्य ज्ञान से वह अपनी इच्छा के अनुसार प्रकृति के गुणों का प्रयोग कर सकता है या उन्हें अपने पास आने से रोक सकता है।

इस अवस्था तक चेतना पर गुण हावी थे, जबकि इसके बाद चेतना और उसके पहलुओं पर पुरुष का नियंत्रण हो जाता है।

समय की विजय

क्षणप्रतियोगी परिणामापरान्त निर्ग्राह्यः क्रमः ॥ 33 ॥

क्षण—पल; प्रतियोगी—अबाधित क्रम; परिणाम—परिवर्तन; अपरान्त—अंत में; निर्गाह्यः—अलग रूप में पहचाना जानेवाला, पूरी तरह दिखनेवाला; क्रमः—नियमित, प्रक्रिया, चरण।

पुरुष के अद्वितीय ज्ञान के कारण न केवल क्षणों की क्रमबद्ध अबाधित गतिविधि को भिन्न रूप में देखा जा सकता है, बल्कि व्यक्तिगत चेतना की अवस्था भी गुणों की क्रिया के अंत और क्षणों की गतिविधियों के समापन से सिद्ध चेतना का रूप ले लेती है।

गुणों तथा क्षणों की गतिविधियों (समय के रूप में) के बीच निकट संबंध होता है और इस चरण में दोनों का अंत हो जाता है तथा वे शांत हो जाते हैं। गुणों तथा क्षणों की गतिविधियों (समय) का समापन केवल एक अद्वितीय ज्ञान और मोक्ष प्राप्त करनेवाले योगी में ही देखा जा सकता है।

इस प्रकार मोक्ष प्राप्त करनेवाले योगी पर भी अतीत, वर्तमान या

भविष्य के क्षणों की गतिविधियों में उलझने की आशंका बनी रहती है। इस कारण इस प्रकार के योगी को सजग रहना चाहिए तथा क्षणों की गतिविधियों पर लगाम लगाए रखनी चाहिए और अपने आस-पास की गतिविधियों पर ध्यान नहीं देना चाहिए; क्योंकि अतीत, वर्तमान और भविष्य के गुण उसे प्रभावित कर सकते हैं।

'मुंडकोपनिषद' में समय के क्षणों की गतिविधियों के अनुसार चेतना की व्याख्या की गई है। यदि चेतना क्षणों की गतिविधि के जाल में फँस जाती है, तब उस दशा को परिणाम की दशा (परिणामचित्त) कहते हैं। यदि वही चेतना उस क्षण शांत अवस्था में रहती है, तब उस चरण को चेतना की मुक्त अवस्था (कूटस्थ चित्त) कहते हैं, चाहे क्षणों की गतिविधियाँ जारी क्यों न रहती हों।

साधना का अंतिम लक्ष्य

पुरुषार्थशून्यानां गुणानां प्रतिप्रसवः
कैवल्यं स्वरूपप्रतिष्ठा वा चितिशक्तिरिति॥ 34॥

पुरुषार्थ—मनुष्य के चार लक्ष्य : धर्म का पालन करना (धर्म), आजीविका के लिए किसी व्यवसाय को अपनाना (अर्थ), प्रेम (काम), सांसारिक जीवन से मुक्ति (मोक्ष); शून्यानां—से मुक्त; गुणानां—तीन मौलिक गुणों से संबंधित; प्रतिप्रसवः—फिर से उलझना, फिर से फँसना; कैवल्यं—मोक्ष; स्वरूप—अपनी प्रकृति में; प्रतिष्ठा—स्थापना; वा—या; चितिशक्तिः—शुद्ध चेतना की शक्ति; इति—समाप्त।

परम मोक्ष या कैवल्य की प्राप्ति तब होती है, जब सारे गुण और जीवन के उद्देश्य वापस अपने मूल स्थान (मूल प्रकृति) में चले जाते हैं। नैसर्गिक शुद्धता के साथ चेतना की स्थापना पूर्ण दिव्य रूप में हो जाती है। कुल मिलाकर यही योग है।

इस प्रकार, योग का आरंभ चित्त की गतिविधियों पर नियंत्रण से होता है और उसका अंत पुरुष को उसकी ऐश्वर्य की स्थिति में ले जाने के उद्देश्य की पूर्ति से होता है, जहाँ चेतना अपनी दिव्य अवस्था को प्राप्त कर लेती है। प्रकृति के गुणों से मुक्त पुरुष पूर्ण रूप से एकात्म अवस्था में अपने ही ऐश्वर्य में दिखाई देता है।

॥ इति कैवल्य पादः ॥

यहाँ पतंजलि के योग सूत्रों के चौथे अध्याय का समापन होता है।

पुष्पिका

चूँकि अंतिम सूत्र में मनुष्य जीवन के चार उद्देश्यों (पुरुषार्थों) का वर्णन किया गया है, इस कारण मैंने एक व्याख्या को जोड़ना आवश्यक समझा; क्योंकि यह अवधारणा कई लोगों को स्पष्ट रूप से ज्ञात नहीं होगी।

उद्देश्यों (पुरुषार्थों) के चार प्रकार होते हैं—कर्तव्यों का उचित पालन (धर्म), जीवन के उद्देश्य तथा अंतिम लक्ष्य (अर्थ) तक ले जानेवाले कलात्मक जीवन जीने के साधन, प्रेम और अभ्यास (काम) से अर्जित किए जानेवाले छिपे धन को समझना और मन, बुद्धि, अहं एवं चेतना जैसे धारणा की इंद्रियों को शुद्ध कर भोग-विलास की वस्तुओं के बंधन से मुक्त होना और फिर दिव्य ज्ञान की ज्योति तक पहुँचना। यहाँ से व्यक्ति को सावधान रहना है और देखना है कि साधकों की क्रिया से कोई प्रतिक्रिया न हो और यह भी देखना है कि कर्म के फल के प्रति आकर्षित न हो और शुद्धता की प्राकृतिक अवस्था को प्राप्त करे। शुद्धता की अवस्था तक पहुँचने के लिए व्यक्ति को मन तथा इंद्रियों के बीच संबंध व संपर्क को तोड़ना पड़ता है और उसे पुरुष से जुड़ना पड़ता है, जिससे कि पुरुष की खोज करनेवाली यात्रा समाप्त होती है और पुरुष मोक्ष, मोह से मुक्ति और आनंद की अवस्था को प्राप्त कर स्थायी रूप से अपने मूल स्थान में विश्राम करते हैं।

तीन गुणों—सत्त्व, रज और तम में ज्ञान, कर्म और स्थूलता के गुण होते हैं। चेतना की श्रेष्ठ सिद्ध अवस्था में प्रकृति के तीन मौलिक गुण अपने स्रोत में वापस लौट जाते हैं। यदि प्रकृति का विकास वापस लौटने की ओर होता

है तो इसे 'पुरुष की ओर वापसी' कहते हैं। इस प्रकार, गुणों के पूर्ण समापन से चेतना शुद्धता की शक्ति यानी चित्त शक्ति को प्राप्त करती है।

जीवन के उद्देश्यों के समापन और गुणों के अपने स्रोत में वापस लौट जाने की इस अवस्था में पुरुष अकेला (केवल या कैवल्य) रह जाता है, एक ऐसी दशा, जिसकी व्याख्या शब्दों या अभिव्यक्तियों से संभव नहीं, बल्कि केवल उसे जीया जा सकता है।

पतंजलि अपने अभ्यर्थियों को मुक्ति की इस सिद्ध अवस्था तक ले जाने के लिए चरण-दर-चरण योग के मार्गदर्शन का समापन कुल मिलाकर यही 'योग है', के शब्दों से करते हैं।

जैसाकि मैंने पहले बताया है, पतंजलि योग की शिक्षा का आरंभ ईश्वर प्रणिधान से करते हैं। जीवन के चार लक्ष्यों की प्राप्ति के बाद यह स्मरण रखना चाहिए कि व्यक्ति को स्वयं को पूर्णतया ईश्वर के प्रति समर्पित कर देना चाहिए। जैसाकि मैंने कहा है कि मोह से छुटकारा ही मोक्ष है, इस कारण हमें यहाँ छिपे पाँचवें उद्देश्य का संकेत मिलता है, जिसे 'पंचपुरुषार्थ' या 'ईश्वर-प्रणिधान' कहते हैं।

प्रकृति के बंधनों से मुक्ति के पश्चात् व्यक्ति का चित्त पूर्ण रूप से शुद्ध हो जाता है। आत्मानुभूति की इस अवस्था से व्यक्ति को ईश्वर की अनुभूति की ओर बढ़ना है, क्योंकि इस अवस्था में वह ईश्वर के प्रति पूर्ण समर्पण के लिए तैयार हो जाता है। उसमें इच्छाओं या आकांक्षाओं का अंत हो चुका है। यह शरणागत मार्ग या ब्रह्मांड के सर्जक (ईश्वर) के प्रति पूर्ण समर्पण का मार्ग है।

इस प्रकार योग के अभ्यास से व्यक्ति अपने नीरस, उलझे और चेतना की विचलित दशा से ज्ञान प्राप्त कर मोक्ष की अवस्था और फिर ईश्वर में शरण लेने की ओर प्रवृत्त हो जाता है।

□

॥ समाधि पादः ॥

अथ योगानुशासनम् ॥ 1 ॥

योगश्चित्तवृत्तिनिरोधः ॥ 2 ॥

तदा द्रष्टुः स्वरूपेऽवस्थानम् ॥ 3 ॥

वृत्तिसारूप्यमितरत्र ॥ 4 ॥

वृत्तयः पञ्चतय्यः क्लिष्टाक्लिष्टाः ॥ 5 ॥

प्रमाणविपर्ययविकल्पनिद्रास्मृतयः ॥ 6 ॥

प्रत्यक्षानुमानागमाः प्रमाणानि ॥ 7 ॥

विपर्ययो मिथ्याज्ञानमतद्रूपप्रतिष्ठम् ॥ 8 ॥

शब्दज्ञानानुपाती वस्तुशून्यो विकल्पः ॥ 9 ॥

अभावप्रत्ययालम्बना वृत्तिर्निद्रा ॥ 10 ॥

अनुभूतविषयासंप्रमोषः स्मृतिः ॥ 11 ॥

अभ्यासवैराग्याभ्यां तन्निरोधः ॥ 12 ॥

तत्र स्थितौ यत्नोऽभ्यासः ॥ 13 ॥

स तु दीर्घकालनैरन्तर्यसत्कारासेवितो दृढभूमिः ॥ 14 ॥

दृष्टानुश्रविकविषयवितृष्णस्य वशीकारसंज्ञा वैराग्यम् ॥ 15 ॥

तत्परं पुरुषख्यातेर्गुणवैतृष्ण्यम् ॥ 16 ॥

वितर्कविचारानन्दास्मितारूपानुगमात्संप्रज्ञात: ॥ 17 ॥

विरामप्रत्ययाभ्यासपूर्व: संस्कारशेषोऽन्य: ॥ 18 ॥

भवप्रत्ययो विदेहप्रकृतिलयानाम् ॥ 19 ॥

श्रद्धावीर्यस्मृतिसमाधिप्रज्ञापूर्वक इतरेषाम् ॥ 20 ॥

तीव्रसंवेगानामासन्न: ॥ 21 ॥

मृदुमध्याधिमात्रत्वात् ततोऽपि विशेष: ॥ 22 ॥

ईश्वरप्रणिधानाद्वा ॥ 23 ॥

क्लेशकर्मविपाकाशयैरपरामृष्ट: पुरुषविशेष ईश्वर: ॥ 24 ॥

तत्र निरतिशयं सर्वज्ञबीजम् ॥ 25 ॥

स एष:—पूर्वेषामपि गुरु: कालेनानवच्छेदात् ॥ 26 ॥

तस्य वाचक: प्रणव: ॥ 27 ॥

तज्जपस्तदर्थभावनम् ॥ 28 ॥

तत: प्रत्यक्चेतनाधिगमोऽप्यन्तरायाभावश्च ॥ 29 ॥

व्याधिस्त्यानसंशयप्रमादालस्याविरतिभ्रान्तिदर्शनालब्धभूमिकत्वानवस्थितत्वानि

चित्तविक्षेपास्तेऽन्तराया: ॥ 30 ॥

दु:खदौर्मनस्याङ्गमेजयत्वश्वासप्रश्वासा विक्षेपसहभुव: ॥ 31 ॥

तत्प्रतिषेधार्थमेकतत्त्वाभ्यास: ॥ 32 ॥

मैत्रीकरुणामुदितोपेक्षाणां सुखदुःखपुण्यापुण्यविषयाणां

भावनातश्चित्तप्रसादनम् ॥ 33 ॥

प्रच्छर्दनविधारणाभ्यां वा प्राणस्य ॥ 34 ॥

विषयवती वा प्रवृत्तिरुत्पन्ना मनसः स्थितिनिबन्धनी ॥ 35 ॥

विशोका वा ज्योतिष्मती ॥ 36 ॥

वीतरागविषयं वा चित्तम् ॥ 37 ॥

स्वप्ननिद्राज्ञानालम्बनं वा ॥ 38 ॥

यथाभिमतध्यानाद्वा ॥ 39 ॥

परमाणुपरममहत्त्वान्तोऽस्य वशीकारः ॥ 40 ॥

क्षीणवृत्तेरभिजातस्येव मणेर्ग्रहीतृग्रहणग्राह्येषु

तत्स्थतदञ्जनता समापत्तिः ॥ 41 ॥

तत्र शब्दार्थज्ञानविकल्पैः संकीर्णा सवितर्का समापत्तिः ॥ 42 ॥

स्मृतिपरिशुद्धौ स्वरूपशून्येवार्थमात्रनिर्भासा निर्वितर्का ॥ 43 ॥

एतयैव सविचारा निर्विचारा च सूक्ष्मविषया व्याख्याता ॥ 44 ॥

सूक्ष्मविषयत्वं चालिङ्गपर्यवसानम् ॥ 45 ॥

ता एव सबीजः समाधिः ॥ 46 ॥

निर्विचारवैशारद्येऽध्यात्मप्रसादः ॥ 47 ॥

ऋतम्भरा तत्र प्रज्ञा ॥ 48 ॥

श्रुतानुमानप्रज्ञाभ्यामन्यविषया विशेषार्थत्वात् ॥ 49 ॥

तज्जः संस्कारोऽन्यसंस्कारप्रतिबन्धी ॥ 50 ॥

तस्यापि निरोधे सर्वनिरोधान्निर्बीजः समाधिः ॥ 51 ॥

॥ इति समाधि पादः ॥

□

॥ साधन पादः ॥

तपःस्वाध्यायेश्वरप्रणिधानानि क्रियायोगः ॥ 1 ॥

समाधिभावनार्थः क्लेशतनूकरणार्थश्च ॥ 2 ॥

अविद्यास्मितारागद्वेषाभिनिवेशाः क्लेशाः ॥ 3 ॥

अविद्या क्षेत्रमुत्तरेषां प्रसुप्ततनुविच्छिन्नोदाराणाम् ॥ 4 ॥

अनित्याशुचिदुःखानात्मसु नित्यशुचिसुखात्मख्यातिरविद्या ॥ 5 ॥

दृग्दर्शनशक्त्योरेकात्मतेवास्मिता ॥ 6 ॥

सुखानुशयी रागः ॥ 7 ॥

दुःखानुशयी द्वेषः ॥ 8 ॥

स्वरसवाही विदुषोऽपि तथारूढोऽभिनिवेशः ॥ 9 ॥

ते प्रतिप्रसवहेयाः सूक्ष्माः ॥ 10 ॥

ध्यानहेया स्तद्वृत्तयः ॥ 11 ॥

क्लेशमूलः कर्माशयो दृष्टादृष्टजन्मवेदनीयः ॥ 12 ॥

सति मूले तद्विपाको जात्यायुर्भोगाः ॥ 13 ॥

ते ह्लादपरितापफलाः पुण्यापुण्यहेतुत्वात् ॥ 14 ॥

परिणामतापसंस्कारदु:खैर्गुणवृत्तिविरोधाच्च दु:खमेव सर्वं विवेकिन: ॥ 15 ॥

हेयं दु:खमनागतम् ॥ 16 ॥

द्रष्टृदृश्ययो: संयोगो हेयहेतु: ॥ 17 ॥

प्रकाशक्रियास्थितिशीलं भूतेन्द्रियात्मकं भोगापवर्गार्थं दृश्यम् ॥ 18 ॥

विशेषाविशेषलिङ्गमात्रालिङ्गनि गुणपर्वाणि ॥ 19 ॥

द्रष्टा दृशिमात्र: शुद्धोऽपि प्रत्ययानुपश्य: ॥ 20 ॥

तदर्थ एव दृश्यस्याऽत्मा ॥ 21 ॥

कृतार्थं प्रति नष्टमप्यनष्टं तदन्यसाधारणत्वात् ॥ 22 ॥

स्वस्वामिशक्त्यो: स्वरूपोपलब्धिहेतु: संयोग: ॥ 23 ॥

तस्य हेतुरविद्या ॥ 24 ॥

तदभावात्संयोगाभावो हानं तद्दृशे: कैवल्यम् ॥ 25 ॥

विवेकख्यातिरविप्लवा हानोपाय: ॥ 26 ॥

तस्य सप्तधा प्रान्तभूमौ प्रज्ञा ॥ 27 ॥

योगाङ्गानुष्ठानादशुद्धिक्षये ज्ञानदीप्तिराविवेकख्याते: ॥ 28 ॥

यमनियमासनप्राणायामप्रत्याहारधारणाध्यान समाधयोऽष्टावङ्गानि ॥ 29 ॥

अहिंसासत्यास्तेयब्रह्मचर्यापरिग्रहा यमा: ॥ 30 ॥

जातिदेशकालसमयानवच्छिन्ना: सार्वभौमा महाव्रतम् ॥ 31 ॥

शौचसंतोषतप:स्वाध्यायेश्वरप्रणिधानानि नियमा: ॥ 32 ॥

वितर्कबाधने प्रतिपक्षभावनम् ॥ 33 ॥

वितर्का हिंसादयः कृतकारितानुमोदिता लोभक्रोधमोहपूर्वका मृदुमध्याधिमात्रा दुःखाज्ञानानन्तफला इति प्रतिपक्षभावनम्॥ 34॥

अहिंसाप्रतिष्ठायं तत्सन्निधौ वैरत्यागः॥ 35॥

सत्यप्रतिष्ठायां क्रियाफलाश्रयत्वम्॥ 36॥

अस्तेयप्रतिष्ठायां सर्वरत्नोपस्थानम्॥ 37॥

ब्रह्मचर्यप्रतिष्ठायां वीर्यलाभः॥ 38॥

अपरिग्रहस्थैर्ये जन्मकथंतासंबोधः॥ 39॥

शौचात्स्वाङ्गजुगुप्सा परैरसंसर्गः॥ 40॥

सत्त्वशुद्धि सौमनस्यैकाग्रयेन्द्रियजयात्मदर्शनयोग्यत्वानि च॥ 41॥

संतोषादनुत्तमः सुखलाभः॥ 42॥

कायेन्द्रियसिद्धिरशुद्धिक्षयापसः॥ 43॥

स्वाध्यायादिष्टदेवतासंप्रयोगः॥ 44॥

समाधिसिद्धिरीश्वरप्रणिधानात्॥ 45॥

स्थिरसुखमासनम्॥ 46॥

प्रयत्नशैथिल्यानन्तसमापत्तिभ्याम्॥ 47॥

ततो द्वन्द्वानभिघातः॥ 48॥

तस्मिन्सति श्वासप्रश्वासयोर्गतिविच्छेदः प्राणायामः॥ 49॥

स तु-बाह्याभ्यन्तरस्तम्भवृत्तिर्देशकालसंख्याभिः परिदृष्टो दीर्घसूक्ष्मः॥ 50॥

बाह्याभ्यन्तरविषयाक्षेपी चतुर्थः॥ 51॥

ततः क्षीयते प्रकाशावरणम् ॥ 52 ॥

धारणासु च योग्यता मनसः ॥ 53 ॥

स्वविषयासंप्रयोगे चित्तस्यस्वरूपानुकार इवेन्द्रियाणां प्रत्याहारः ॥ 54 ॥

ततः परमा वश्यतेन्द्रियाणाम् ॥ 55 ॥

॥ इति साधन पादः ॥

□

॥ विभूति पादः ॥

देशबन्धश्चित्तस्य धारणा ॥ 1 ॥

तत्र प्रत्ययैकतानता ध्यानम् ॥ 2 ॥

तदेवार्थमात्रनिर्भासं स्वरूपशून्यमिव समाधिः ॥ 3 ॥

त्रयमेकत्र संयमः ॥ 4 ॥

तज्जयात्प्रज्ञालोकः ॥ 5 ॥

तस्य भूमिषु विनियोगः ॥ 6 ॥

त्रयमन्तरङ्गं पूर्वेभ्यः ॥ 7 ॥

तदपि बहिरङ्गं निर्बीजस्य ॥ 8 ॥

व्युत्थाननिरोधसंस्कारयोरभिभवप्रादुर्भावौ
निरोधक्षणचित्तान्वयो निरोधपरिणामः ॥ 9 ॥

तस्य प्रशान्तवाहिता संस्कारात् ॥ 10 ॥

सर्वार्थतैकाग्रतयोः क्षयोदयौ चित्तस्य समाधिपरिणामः ॥ 11 ॥

ततः पुनः शान्तोदितौ तुल्यप्रत्ययौ चित्तस्यैकाग्रतापरिणामः ॥ 12 ॥

एतेन भूतेन्द्रियेषु धर्मलक्षणावस्थापरिणामा व्याख्याताः ॥ 13 ॥

शान्तोदिताव्यपदेश्यधर्मानुपाती धर्मी ॥ 14 ॥

क्रमान्यत्वं परिणामान्यत्वे हेतुः ॥ 15 ॥

परिणामत्रयसंयमादतीतानागतज्ञानम् ॥ 16 ॥

शब्दार्थप्रत्ययानामितरेतराध्यासात्

संकरस्तत्प्रविभागसंयमात्सर्वभूतरुतज्ञानम् ॥ 17 ॥

संस्कारसाक्षात्करणात्पूर्वजातिज्ञानम् ॥ 18 ॥

प्रत्ययस्य परचित्तज्ञानम् ॥ 19 ॥

न च तत्सालम्बनं तस्याविषयीभूतत्वात् ॥ 20 ॥

कायरूपसंयमात्तद्ग्राह्यशक्तिस्तम्भे

चक्षुष्प्रकाशासम्प्रयोगेऽन्तर्धानम् ॥ 21 ॥

एतेन शब्दाद्यन्तर्धानमुक्तम् ॥ 22 ॥

सोपक्रमं निरुपक्रमं च कर्म

तत्संयमादपरान्तज्ञानमरिष्टेभ्यो वा ॥ 23 ॥

मैत्र्यादिषु बलानि ॥ 24 ॥

बलेषु हस्तिबलादीनि ॥ 25 ॥

प्रवृत्त्यालोकन्यासात्सूक्ष्मव्यवहितविप्रकृष्टज्ञानम् ॥ 26 ॥

भुवनज्ञानं सूर्ये संयमात् ॥ 27 ॥

चन्द्रे ताराव्यूहज्ञानम् ॥ 28 ॥

ध्रुवे तद्गतिज्ञानम् ॥ 29 ॥

नाभिचक्रे कायव्यूहज्ञानम् ॥ 30 ॥

कण्ठकूपे क्षुत्पिपासानिवृत्तिः ॥ 31 ॥

कूर्मनाड्यां स्थैर्यम् ॥ 32 ॥

मूर्धज्योतिषि सिद्धदर्शनम् ॥ 33 ॥

प्रातिभाद्वा सर्वम् ॥ 34 ॥

हृदये चित्तसंवित् ॥ 35 ॥

सत्त्वपुरुषयोरत्यन्तासंकीर्णयोः प्रत्ययाविशेषो भोगः

परार्थत्वात्स्वार्थसंयमात्पुरुषज्ञानम् ॥ 36 ॥

ततः प्रातिभश्रावणवेदनादर्शास्वादवार्ता जायन्ते ॥ 37 ॥

ते समाधावुपसर्गा व्युत्थाने सिद्धयः ॥ 38 ॥

बन्धकारणशैथिल्यात्प्रचारसंवेदनाच्च चित्तस्य परशरीरावेशः ॥ 39 ॥

उदानजयाज्जलपङ्ककण्टकादिष्वसङ्ग उत्क्रान्तिश्च ॥ 40 ॥

समानजयाज्ज्वलनम् ॥ 41 ॥

श्रोत्राकाशयोः सम्बन्धसंयमाद्दिव्यं श्रोत्रम् ॥ 42 ॥

कायाकाशयोः सम्बन्धसंयमाल्लघुतूलसमापत्तेश्चाऽकाशगमनम् ॥ 43 ॥

बहिरकल्पिता वृत्तिर्महाविदेहा ततः प्रकाशावरणक्षयः ॥ 44 ॥

स्थूलस्वरूपसूक्ष्मान्वयार्थवत्त्वसंयमाद्भूतजयः ॥ 45 ॥

ततोऽणिमादिप्रादुर्भावः कायसम्पत्तद्धर्मानभिघातश्च ॥ 46 ॥

रूपलावण्यबलवज्रसंहननत्वानि कायसम्पत् ॥ 47 ॥

ग्रहणस्वरूपास्मितान्वयार्थवत्त्वसंयमादिन्द्रियजयः ॥ 48 ॥

ततो मनोज़वित्वं विकरणभावः प्रधानजयश्च ॥ 49 ॥

सत्त्वपुरुषान्यताख्यातिमात्रस्य सर्वभावाधिष्ठातृत्वं

सर्वज्ञातृत्वं च ॥ 50 ॥

तद्वैराग्यादपि दोषबीजक्षये कैवल्यम् ॥ 51 ॥

स्थान्युपनिमन्त्रणे सङ्गस्मयाकरणं पुनरनिष्टप्रसङ्गात् ॥ 52 ॥

क्षणतत्क्रमयोः संयमाद्विवेकजं ज्ञानम् ॥ 53 ॥

जातिलक्षणदेशैरन्यतानवच्छेदात्तुल्ययोस्ततः प्रतिपत्तिः ॥ 54 ॥

तारकं सर्वविषयं सर्वथाविषयम क्रमं चेति विवेकजं ज्ञानम् ॥ 55 ॥

सत्त्वपुरुषयोः शुद्धिसाम्ये कैवल्यमिति ॥ 56 ॥

॥ इति विभूति पादः ॥

□

॥ कैवल्य पादः ॥

जन्मौषधिमन्त्रतपः समाधिजाः सिद्धयः ॥ 1 ॥

जात्यन्तरपरिणामः प्रकृत्यापूरात् ॥ 2 ॥

निमित्तमप्रयोजकं प्रकृतीनां वरणभेदस्तु ततः क्षेत्रिकवत् ॥ 3 ॥

निर्माणचित्तान्यस्मितामात्रात् ॥ 4 ॥

प्रवृत्तिभेदे प्रयोजकं चित्तमेकमनेकेषाम् ॥ 5 ॥

तत्र ध्यानजमनाशयम् ॥ 6 ॥

कर्माशुक्लाकृष्णं योगिनस्त्रिविधमितरेषाम् ॥ 7 ॥

ततस्तद्विपाकानुगुणानामेवाभिव्यक्तिर्वासनानाम् ॥ 8 ॥

जातिदेशकालव्यवहितानामप्यानन्तर्यं स्मृतिसंस्कारयोरेकरूपत्वात् ॥ 9 ॥

तासामनादित्वं चाऽऽशिषो नित्यत्वात् ॥ 10 ॥

हेतुफलाश्रयालम्बनैः संगृहीतत्वादेषामभावे तदभावः ॥ 11 ॥

अतीतानागतं स्वरूपतोऽस्त्यध्वभेदाद्धर्माणाम् ॥ 12 ॥

ते व्यक्तसूक्ष्मा गुणात्मानः ॥ 13 ॥

परिणामैक्त्वाद्वस्तुतत्त्वम् ॥14 ॥

वस्तुसाम्ये चित्तभेदात्तयोर्विभक्त: पन्था: ॥ 15 ॥

न चैकचित्ततन्त्रं चेदेवस्तु तदप्रमाणकं तदा किं स्यात् ॥ 16 ॥

तदुपरागापेक्षित्वाच्चित्तस्य वस्तु ज्ञाताज्ञातम् ॥ 17 ॥

सदा ज्ञाताश्चित्तवृत्तयस्तत्प्रभो: पुरुषस्यापरिणामित्वात् ॥ 18 ॥

न तत्स्वाभासं दृश्यत्वात् ॥ 19 ॥

एकसमये चोभयानवधारणम् ॥ 20 ॥

चित्तान्तरदृश्ये बुद्धिबुद्धेरतिप्रसङ्ग: स्मृतिसंकरश्च ॥ 21 ॥

चितेरप्रतिसंक्रमायास्तदाकारापत्तौ स्वबुद्धिसंवेदनम् ॥ 22 ॥

द्रष्टृदृश्योपरक्तं चित्तं सर्वार्थम् ॥ 23 ॥

तदसङ्ख्येयवासनाभि: श्चित्रमपि परार्थं संहत्यकारित्वात् ॥ 24 ॥

विशेषदर्शिन आत्मभावभावनानिवृत्ति: ॥ 25 ॥

तदा विवेकनिम्नं कैवल्यप्राग्भारं चित्तम् ॥ 26 ॥

तच्छिद्रेषु प्रत्ययान्तराणि संस्कारेभ्य: ॥ 27 ॥

हानमेषां क्लेशवदुक्तम् ॥ 28 ॥

प्रसंख्यानेऽप्यकुसीदस्य सर्वथा विवेकख्यातेर्धर्ममेघ: समाधि: ॥ 29 ॥

तत: क्लेशकर्मनिवृत्ति: ॥ 30 ॥

तदा सर्वावरणमलापेतस्य ज्ञानस्याऽऽनन्त्याज्ज्ञेयमल्पम् ॥ 31 ॥

ततः कृतार्थानां परिणामक्रमसमाप्तिर्गुणानाम् ॥ 32 ॥

क्षणप्रतियोगी परिणामापरान्तनिर्ग्राह्यः क्रमः ॥ 33 ॥

पुरुषार्थशून्यानां गुणानां प्रतिप्रसवः

कैवल्यं स्वरूपप्रतिष्ठा वा चितिशक्तिरिति ॥ 34 ॥

॥ इति कैवल्य पादः ॥

□□□